# Punto fácil

taller para aprender a tejer 20 atractivos proyectos

**BLUME**

fotografía de **Yuki Sugiura**   **Erika Knight**

**BLUME**

Título original:
*Simple Knitting*

**Traducción:**
Teresa Jarrín Rodríguez

**Revisión técnica de la edición en lengua española:**
Isabel Jordana Barón
Profesora y Jefa del Departamento de Moda,
Escola de la Dona (Barcelona)

**Diseño e ilustración:**
Claire Peters

**Fotografía:**
Yuki Sugiura

**Estilismo:**
Charis White

**Coordinación de la edición en lengua española:**
Cristina Rodríguez Fischer

*Primera edición en lengua española 2012*
*Reimpresión 2013, 2014*

© 2012 Naturart, S.A. Editado por BLUME
Av. Mare de Déu de Lorda, 20
08034 Barcelona
Tel. 93 205 40 00 Fax 93 205 14 41
E-mail: info@blume.net
© 2010 Quadrille Publishing Ltd., Londres
© 2010 de las fotografías Erika Knight
© 2010 del diseño y la maquetación Yuki Sugiura

ISBN: 978-84-8076-979-2

Impreso en China

El punto es algo que me fascina. Posiblemente se deba a que se trata de un arte sencillo que cualquiera puede dominar. Con sólo dos agujas, un ovillo y una serie de puntos entrelazados pueden crearse prendas tanto prácticas como decorativas. Para mí, el punto es muy inspirador y nunca me canso de las infinitas variaciones y formas que puede adoptar su práctica.

Quiero compartir la sencillez del punto con los lectores. Este libro no es un volumen enciclopédico y exhaustivo sobre el punto, sino que se reduce a lo que considero que son sus fundamentos básicos. Por ejemplo, no he incluido todas las formas posibles de montar puntos (veintidós, según mi último recuento). Creo más en dominar los pocos métodos que son fáciles y eficaces y con los que se logra lo que se está buscando para un diseño específico. *Punto fácil* se basa en hacer punto a mi estilo. En este libro, he intentado proporcionar los medios básicos para tejer, que puede ser tan fácil como: «Meter la aguja, enrollar el hilo, pasar el hilo y sacar el punto».

En la sección Materiales y técnicas del comienzo del libro, se presenta la información técnica necesaria para los métodos básicos para tejer. Pero conocer cómo se trabaja una técnica en concreto no sirve de nada de manera aislada, y sólo tiene sentido cuando se pone en práctica. Aquí es donde cobran importancia los proyectos. De hecho, cuando se dominan las técnicas simples de montar puntos, cerrarlos y hacer punto del derecho, se pueden confeccionar fácilmente las primeras prendas de la sección de proyectos del libro. Hay veinte proyectos en total: desde una bufanda «para empezar», un económico paño de cocina y unos modernos cojines de vuelta «para practicar» —apropiados para quien empieza a hacer punto—, hasta los más exigentes calcetines, con vueltas cortas para dar forma, una manta de cuadros o una funda de té con un diseño tradicional de rosa confeccionada con la técnica de la intarsia.

Cada proyecto ofrece una oportunidad de practicar una técnica o dos mediante una clase magistral. Cada lector puede elegir si desea realizar los proyectos de manera secuencial, avanzando un poco con cada clase magistral, o imbuirse en los proyectos de manera individual para practicar y perfeccionar técnicas específicas.

Pronto dominará la técnica de dar forma a una prenda aumentando o disminuyendo el número de puntos, haciendo vueltas cortas, así como cruzando puntos para hacer ochos y trenzas o cambiar de color haciendo diseños de rayas con las técnicas del punto jacquard o la intarsia.

La variedad de proyectos de *Punto fácil* refleja en gran medida mis preferencias personales por un estilo austero, de formas sencillas, generalmente con pocos elementos decorativos, donde la textura y el color de los hilos —fibras naturales y tonos apagados— son parte integrante de los diseños. Soy, sin embargo, estricta en lo que se refiere al acabado de las prendas: es esencial tomarse el tiempo suficiente para rematar los proyectos. Pero, de nuevo, es fácil: desde que alguien me enseñó a hacer costuras invisibles, rara vez uso otra cosa. Y comparto todo ello con el lector. También he incluido aquí y allá unos pocos consejos útiles sobre diseño en forma de notas al margen, del mismo modo que lo haría en mi propio cuaderno de bocetos —y de trabajo—. Espero que estos comentarios ayuden al lector a entender mejor el modo en que abordo el diseño de las prendas de punto.

Además de perfeccionar las destrezas que se presentan en la sección de Materiales y técnicas, y de practicar con los proyectos, espero que el lector disfrute también de la variedad de texturas que pueden crearse al hacer punto. En la sección Biblioteca de puntos he incluido veinte de mis puntos favoritos junto a algunos de los modos más utilizados de combinar colores. Deseo que inspiren al lector para que pruebe las texturas que se logran con los distintos puntos y para que juegue con colores y de este modo evolucione hasta crear su propio estilo.

*Punto fácil* representa en gran medida mi forma de entender el punto. Me encanta el proceso completo de crear y confeccionar una prenda de punto. Espero que el lector comparta conmigo mi amor por este arte y que, en estas páginas, encuentre la inspiración para tomar las agujas y comenzar a tejer.

*erika knight*

## Niveles de destreza

En realidad, todos los proyectos de este libro son muy sencillos: así es mi estilo. Sin embargo, cada proyecto se corresponde con un nivel de destreza de acuerdo con el sistema de clasificación del Craft Yarn Council of America para que el lector sepa qué técnicas son las que domina.

**PRINCIPIANTE**
**1 Proyectos para principiantes** para aquellas personas que hacen punto por primera vez utilizando punto del derecho y del revés. Tan apenas se da forma a la prenda.

**FÁCIL**
**2 Proyectos fáciles** en los que se utilizan puntos básicos, patrones de puntos repetitivos y cambios de color sencillos. Se da forma a la prenda y se trabaja el remate de manera sencilla.

**INTERMEDIO**
**3 Proyectos intermedios** con una variedad de puntos, como ochos básicos, intarsia sencilla y técnicas de aguja de doble punta y para tejer en redondo. Se da forma a la prenda y se trabaja el remate a nivel intermedio.

**EXPERIMENTADO/EXPERTO**
**4 Proyectos para experimentados** utilizando técnicas y puntos avanzados, como las vueltas cortas, el punto jacquard, técnicas más complejas de intarsia, ochos y trenzas y numerosos cambios de color.

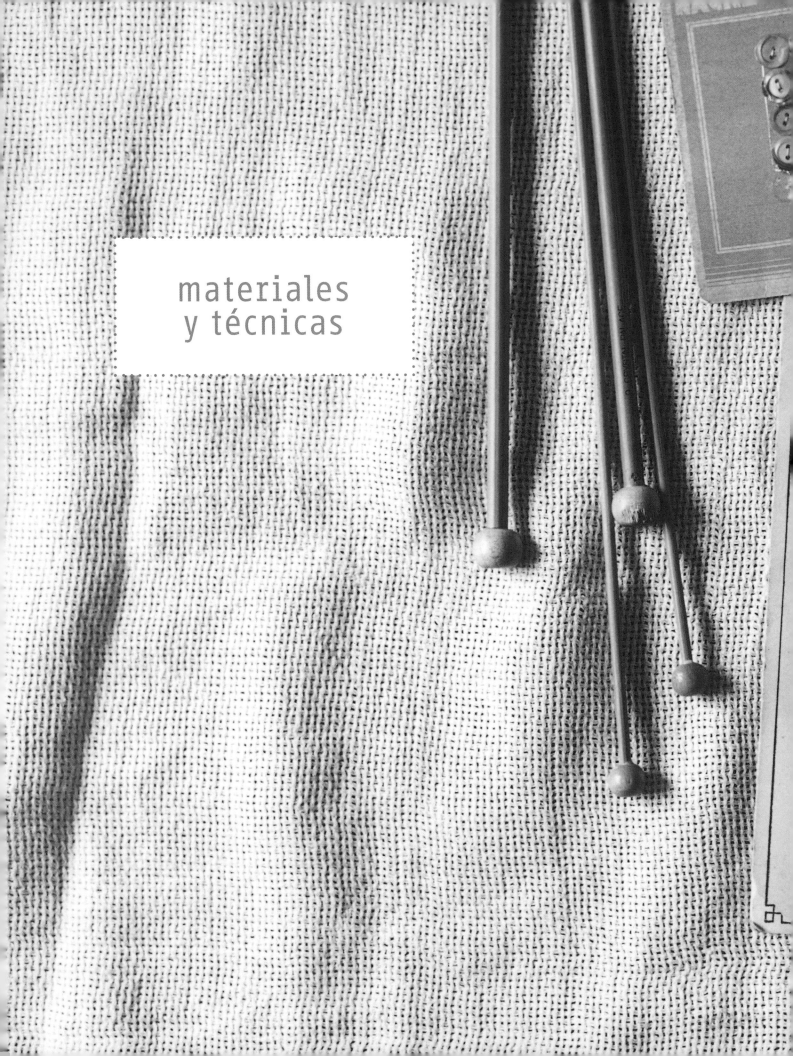

materiales
y técnicas

# Elegir hilos y colores

Debido a los numerosos años que he trabajado para la industria de la moda, la selección de materiales tiene gran importancia para mí cuando diseño prendas de punto hechas a mano; muy a menudo, el punto de partida de un proyecto es el propio hilo o la fibra.

Empleo muchísimo tiempo y tengo bastante cuidado en asegurarme de que la fibra, el hilo, la técnica, el peso de la prenda y los detalles sean los adecuados para el diseño propuesto. Creo que el tiempo que se emplea en esto supone una inversión, por lo que siempre tejo una muestra grande con el hilo elegido y me planteo una serie de preguntas. ¿Son las fibras tan suaves al tacto como a mí me gustaría? ¿Proporciona el hilo suficiente claridad al punto elegido? ¿Es la prenda demasiado pesada o demasiado ligera? ¿Son el hilo y el tejido resultantes apropiados para la función de la prenda? ¿Se adecúa el resultado final con la idea de diseño original? Todas estas preguntas son de especial importancia, incluso al diseñar una prenda aparentemente sencilla como una bufanda (*véanse* págs. 64-67) o un cojín con vuelta (*véanse* págs. 70-73).

De hecho, la mayoría de las veces, el éxito de un diseño sencillo se basa en la calidad del hilo seleccionado. En el caso del par de cojines que se muestran en las páginas 71 y 72, el mate del moer y el brillo de la seda se conjugan para conferir a los cojines un aspecto suntuoso y lujoso. La fibra natural de gran calidad que he utilizado para el cojín de seda pura captura bien el color del tinte, y al tejerla, crea un material con un cuerpo muy bonito, y el fino hilo de moer tiene una textura etérea que se yuxtapone a la prefección a la suavidad de la seda.

Suelo utilizar hilos naturales por las características inherentes de sus fibras —conservan el calor en invierno y el fresco en verano, además de proteger el cuerpo de la humedad—. Por otro lado, las fibras naturales son ligeras, suaves y cómodas de llevar, sin olvidar el toque de lujo que sólo se consigue al vestirse con lo mejor de la naturaleza: ¡después de todo, lo natural es lo mejor!

Para los proyectos de este libro, he elegido una amplia variedad de hilos por sus texturas únicas. Principalmente, he seleccionado fibras animales, como la alpaca más suave, lana de merino robusta y extrafina, lana de ovejas británicas seleccionadas, voluminosas lanas de poco peso, así como refinadas sedas y diáfanos moeres. Junto a estas lujosas fibras animales, he añadido una pequeña selección de las mejores fibras vegetales naturales: el versátil y básico algodón ecológico y la más antigua de las fibras vegetales: el exquisito lino.

Tanto para el diseño de prendas de vestir como de artículos del hogar tejidos a mano, me inclino por una sobria gama de tonos pastel. Prefiero utilizar los colores característicos de los hilos naturales como base, y normalmente introduzco tonos «de moda» o de temporada sólo para potenciar el diseño global. De algún modo, para mí, esto es algo natural al combinar colores, razón por la que vuelvo una y otra vez sobre mi gama favorita de blanco hueso, perla y nácar, rosa, marrón topo, azules brumosos y humo, negro carbón y el más oscuro marrón turba, con ligeros toques de verde lima y verde hierba que aporten la nota de color.

Me encanta unir opuestos, tanto si se trata de colores como de texturas. Los hilos naturales crean un contraste apasionante cuando se colocan junto a materiales manufacturados: por ejemplo, la suave y extrafina lana de merino sobre el fresco vidrio; o el algodón, con su textura mate, sobre cemento altamente pulido, pueden aportar vitalidad e interés textural en una decoración de interior.

A menudo, un mueble muy apreciado, heredado o encontrado, puede constituir el punto de partida de un proyecto. Un desgastado sofá de cuero merece un plaid cómodo y calentito; y a una vieja silla de comedor le conviene un cojín confortable: éste es el tipo de cosas que a menudo me sirven como inspiración. Sea lo que sea lo que desee crear y confeccionar, tanto si es para vestir como para el hogar, espero que pueda encontrar en estas páginas hilos, puntos, diseños, técnicas, consejos e incluso gamas de colores que le inspiren.

# Hilos: fino

Los hilos finos constituyen algunos de los más delicados y refinados materiales con los que tejer: desde el delgado y delicado moer al suntuoso cachemir, la seda teñida a mano o el algodón con tacto similar al papel. Aunque tejer con hilo fino puede precisar un poco más de tiempo, el resultado final es especialmente satisfactorio y con un punto claramente definido. Los tejidos de hilo fino tienen menos aspecto de «hechos a mano» y se parecen más a los confeccionados a máquina con un acabado profesional.

**Página siguiente (en sentido de las agujas del reloj, comenzando por la esquina superior izquierda)** Mezcla de moer y seda (Rowan Kidsilk Haze); hilo de seda pura (Alchemy Silken Straw); mezcla de moer y seda (Rowan Kidsilk Haze); hilo de seda pura, con aspecto de lino (seda *gima* de Habu); hilo de cachemir puro (cachemir de Habu teñido de forma natural); hilo de algodón puro, con tacto similar al papel (algodón *gima* de Habu).

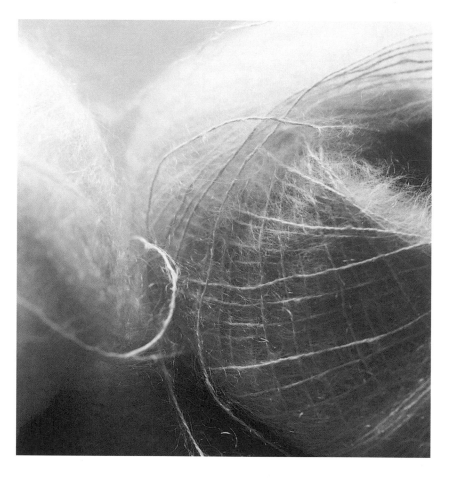

 **Peso del hilo: superfino**
4 hebras
**Tensión media:** 27-32 puntos
**Calibre de aguja recomendado:** 2-3 mm

 **Peso del hilo: fino**
DK peso ligero
**Tensión media:** 23-26 puntos
**Calibre de aguja recomendado:** 3-4 mm

(Éstas son las tensiones y calibres de aguja comúnmente utilizados para estas categorías de hilo).

# Hilos: medio

El hilo medio es el más popular, ya que es fácil de conseguir y de trabajar. Esta categoría de hilos abarca una amplia variedad de fibras —prefiero las fibras puras y las mezclas— y texturas, desde los suaves algodones y los linos mates a las lanas de oveja seleccionada, jaspeadas de manera natural. Como los fabricantes de hilos ofrecen generalmente una gama más amplia de colores para los hilos de peso medio, tiendo a utilizar hilos DK estándar para mis diseños más coloridos.

Peso del hilo: DK
ligero
**Tensión media:** 21-24 puntos
**Calibre de aguja recomendado:** 3-4 1/2 mm

Peso del hilo: aran
medio
**Tensión media:** 16-20 puntos
**Calibre de aguja recomendado:** 4 1/2 - 5 1/2 mm

(Éstas son las tensiones y calibres de aguja comúnmente utilizados para estas categorías de hilo).

**Página siguiente (en sentido de las agujas del reloj, comenzando por la esquina superior izquierda)** Mezcla de lino (Rowan Lenpur Linen); hilo de alpaca pura (Rowan Baby Alpaca DK); hilo de lana pura (Rowan Purelife British Sheeps Breeds DK, sin teñir); hilo de algodón puro (Rowan Purelife Organic Cotton DK, con tinte natural); mezcla de moer y seda (Rowan Kidsilk Aura); mezcla de lino (Rowan Lenpur Linen); hilo de algodón puro (Rowan Purelife Organic Cotton DK, con tinte natural).

# Hilos: grueso

Los hilos gruesos son mis favoritos. Su volumen es inspirador. Por grueso, me refiero a hilos de grosor superior al DK, como la calidad aran, *chunky, bulky* o la ya legendaria *big wool*. Aprender a tejer con hilo voluminoso en agujas gruesas es perfecto, ya que se ven los puntos con claridad y, además, como se teje con rapidez, produce una satisfacción instantánea. Me gusta utilizar hilos gruesos en proyectos para el hogar como cojines o plaids, donde la escala del hilo aporta cierto grado de sencillo atractivo a los sofás y las sillas.

**Página anterior (en sentido de las agujas del reloj, comenzando por la parte superior izquierda)** Mezcla de lana (Rowan Little Big Wool); mezcla de lana de alpaca (Blue Sky Alpacas Bulky); hilo de algodón puro hecho con tiras de tela de camisa; mezcla de lana-cachemir (Debbie Bliss Como); mezcla de lana de merino (Gedifra Merino Grande).

 Peso del hilo:
bulky chunky
**Tensión media:** 12-14 puntos
**Tamaño recomendado de las agujas:** 5½-8 mm

 Peso del hilo:
bulky chunky
**Tensión media:** 6-11 puntos
**Tamaño recomendado de las agujas:** más de 8 mm

(Éstas son las tensiones y calibres de aguja comúnmente utilizados para estas categorías de hilo).

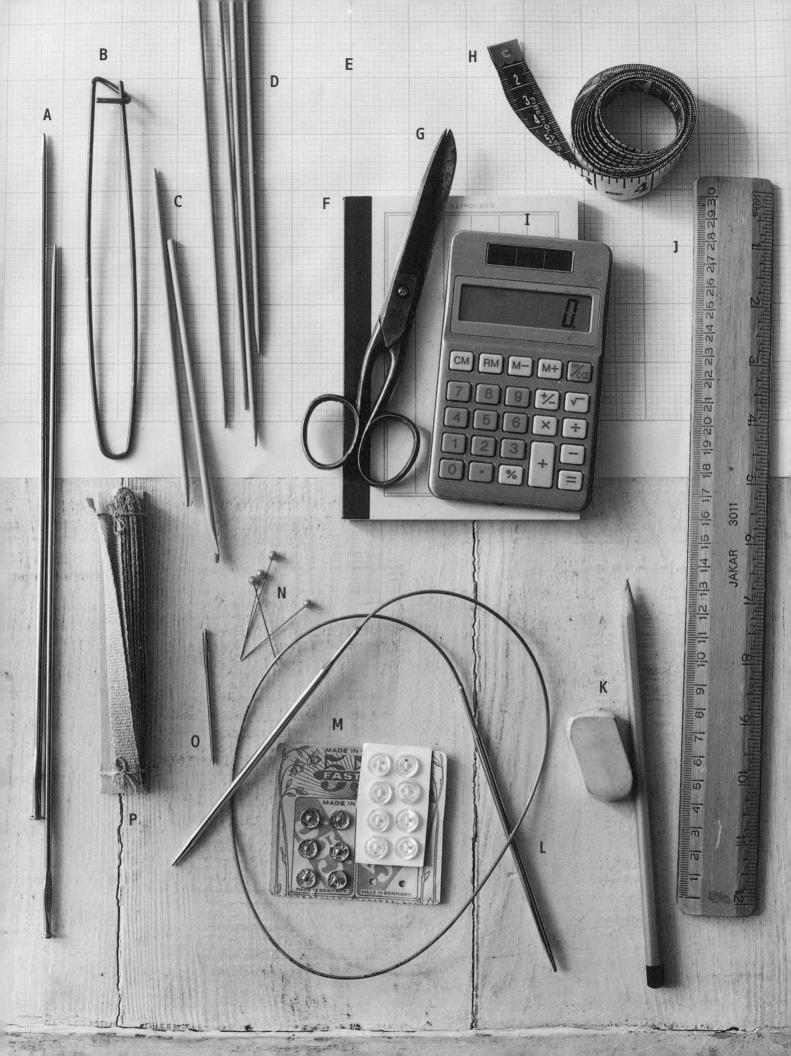

# Material

Lo único que se necesita para empezar a tejer es un par de agujas e hilo. Las agujas de hacer punto se encuentran en distintos tamaños y grosores, en conjuntos de dos o de cuatro, y también unidas por un alambre. Hay otros elementos que pueden facilitar el proceso de tejer. A continuación, presentamos los más comunes, y más útiles...

**A agujas rectas:** el material que prefiero personalmente para las agujas de tejer es el bambú, aunque también las hay de metal, madera, plástico y carey; en cuanto al grosor, pueden ser finas o gruesas, por lo general entre 3 y 15 mm.

**B utensilio para sujetar puntos:** se emplea para sujetar una serie de puntos para que no se deshagan mientras no se trabaja en ellos; también pueden utilizarse imperdibles grandes.

**C aguja de ganchillo:** para tomar puntos que se sueltan o añadir bordes de ganchillo a las labores.

**D agujas de dos puntas:** para trabajar los puntos en redondo y crear una prenda sin costuras; las agujas cuadradas están adquiriendo cada vez más popularidad (*véase* pág. 34).

**E papel milimetrado:** para sacar pequeños motivos o dibujar formas siguiendo las instrucciones de un patrón.

**F libreta:** para anotar todas las cuentas de puntos y cualquier modificación que se haga respecto a un patrón; siempre pensamos que las recordaremos, pero al final las olvidamos cuando comenzamos a tejer el diseño.

**G tijeras:** para cortar hilos y recortar telas y adornos.

**H cinta métrica:** para comprobar las medidas; asegúrese de que la cinta métrica no sea demasiado vieja ni se haya dado de sí, y mida siempre sobre una superficie plana.

**I calculadora:** para calcular la tensión, especialmente cuando se utilice un hilo distinto al que se especifique en el patrón, o para calcular puntos y vueltas cuando esté creando un diseño propio.

**J regla:** para medir con precisión la tensión de una muestra; por su borde recto y plano, es mejor que una cinta métrica.

**K lápiz y goma:** para anotar cosas o modificaciones en una libreta, o directamente en el patrón a medida que teja, así como para corregir las modificaciones.

**L aguja circular o de «alambre»:** principalmente para trabajar de manera circular, como en el caso de las agujas de dos puntas. Sin embargo, muchas personas prefieren utilizar una aguja circular cuando tejen plaids u otras piezas grandes, ya que el peso de la labor puede descansar en el alambre, sobre su regazo, en lugar de en las agujas (*véase* pág. 35).

**M automáticos y botones:** los tipos de botones son una preferencia personal; mi material favorito es la clásica madreperla de color natural (crema o gris), ya que complementa prácticamente cualquier color de hilo. Para evitar tener que hacer ojales, a menudo utilizo automáticos para cerrar la prenda y luego los cubro con un botón decorativo. Esta idea funciona especialmente bien en ropa para bebé.

**N alfileres de cabeza de cristal:** para sujetar piezas de la labor; las cabezas coloreadas permiten localizar el alfiler cuando se van a coser las piezas.

**O aguja de coser de punta roma:** para coser las piezas de punto acabadas y ocultar los hilos sueltos; el ancho ojo de estas agujas facilita el enhebrado con hilos gruesos.

**P cinta de algodón:** para cubrir una costura; utilícela en el interior de un cuello para lograr un acabado excelente y evitar que se dé de sí (*véase* pág. 81).

# Cómo sujetar el hilo y las agujas

El modo de sujetar el hilo y las agujas de tejer es posiblemente lo más complicado de dominar cuando se está aprendiendo a hacer punto. La posición que adopte dependerá de cuál de los dos modos básicos elija. Si opta por el método inglés, sujetará el hilo con la mano derecha. En el método continental, el hilo se sostiene con la izquierda. Tardará un poco en averiguar cuál le resulta más fácil. Le recomiendo que adopte el que sea más sencillo para lograr una tensión fluida y uniforme en la labor. Cada persona hace punto de un modo ligeramente distinto: por ejemplo, a algunas les resulta más fácil trabajar los puntos cerca del extremo de las agujas, mientras que otras prefieren hacerlo mucho más abajo. Cuando haya encontrado una posición cómoda para hacer punto, aumentará la velocidad a la que trabaja y la tensión del punto será más regular.

## Método continental

Sujete la aguja que tiene los puntos con la mano derecha. Enrolle el hilo alrededor del meñique de la mano izquierda y después, alrededor del dedo índice. Cambie a la mano izquierda la aguja que tiene los puntos y sujete la otra con la mano derecha. Controle la tensión del hilo con el dedo índice de la mano izquierda.

## Método inglés

**1** Sujete con la mano izquierda la aguja que tiene los puntos. Ponga la mano derecha con la palma de cara a usted y enrolle el hilo alrededor del meñique, y luego por encima del resto de los dedos y por debajo del índice.

**2** Sujete la otra aguja con la mano derecha y controle la tensión del hilo con el dedo índice de la mano derecha.

*o*

Un modo alternativo de sujetar la aguja que no tiene los puntos es colocarla entre el pulgar y el índice como si fuera un lápiz.

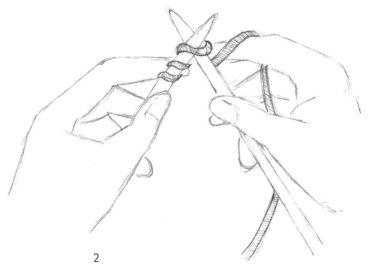

1

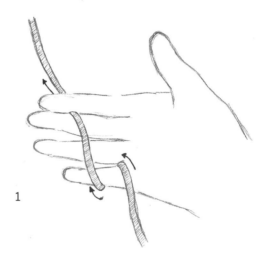

2

# Hacer un nudo corredizo

Antes de empezar a tejer, deben montarse los puntos haciendo una vuelta base. El primer punto de cualquier método para hacer esta vuelta es un nudo corredizo. Existen varios modos de montar los puntos. Los dos ejemplos que proporciono en las siguientes páginas son, en mi opinión, los más populares: el método del pulgar y el de la trenza. El primero es una técnica de puntos dobles. Hay que dejar cierta cantidad de hilo libre predeterminada antes de hacer el nudo corredizo. Recomiendo dejar una medida de aproximadamente tres veces la anchura planificada para la vuelta base, o de 2,5 cm por punto y un poco más para asegurarse. Para el método del pulgar, sólo hace falta de 20 a 25 cm de hilo.

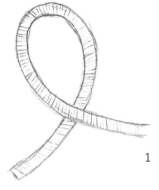

**1** Después de asegurarse de haber dejado la cantidad correcta de hilo libre, haga un bucle cruzando el hilo sobre sí mismo.

**2** Forme un segundo bucle introduciendo por dentro del primero el hilo de la parte más cercana al ovillo (llamado *hebra de trabajo*).

**3** Meta el segundo bucle por la aguja. Tire de los dos extremos del hilo para sujetar el nudo en la aguja. Ya tiene un nudo corredizo, y ahora puede empezar con uno de los métodos para montar puntos que se explican en las páginas siguientes.

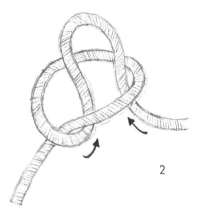

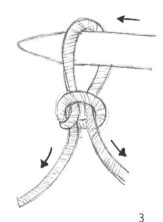

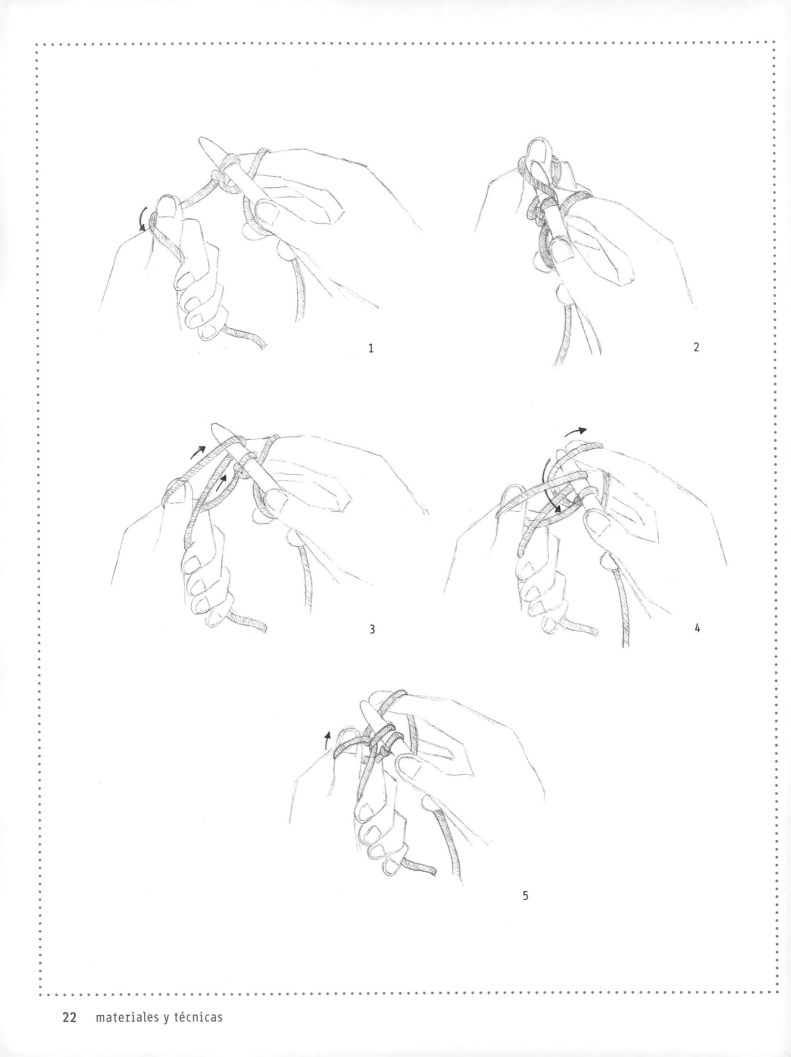

1

2

3

4

5

# Montar puntos

Como ya he mencionado, existen más de veinte modos distintos de montar puntos, pero, en mi opinión, sólo necesitará los dos que se explican aquí. Cada una de las maneras ofrece un efecto visual distinto y tiene propiedades diferentes; el método de la trenza es más elástico y, por ello, es ideal para bordes que deban darse un poco, como los gorros de las páginas 90-93; mientras que el del pulgar proporciona un borde más firme, con menos elasticidad, por lo que es mejor para cojines y plaids.

## Montar puntos dobles o método del pulgar

En este sencillo método de montar puntos, una vez tenga el nudo corredizo y se haya acordado de dejar libre una cantidad de hilo lo suficientemente amplia (*véase* pág. 21), se utiliza sólo una aguja de tejer y el pulgar.

**1** Sujete con la mano derecha el hilo de la parte más cercana al ovillo y también la aguja donde está el nudo corredizo. Tome el extremo suelto del hilo con la mano izquierda y enróllelo alrededor del pulgar de esa mano formando un bucle.

**2** Introduzca el extremo de la aguja en el bucle del pulgar.

**3** Con la mano derecha, enrolle el hilo de la parte más cercana al ovillo alrededor del extremo de la aguja.

**4** Introduzca la aguja por debajo y a través del bucle de hilo que rodea el pulgar llevando consigo el hilo enrollado alrededor de la aguja.

**5** Deje que el bucle se suelte del pulgar y tire suavemente de las dos hebras para apretar el punto.

Repita estos pasos hasta que tenga el número necesario de puntos.

Método continental

**1** Enrolle el hilo de la parte más cercana al ovillo alrededor del dedo índice izquierdo, y el hilo suelto, alrededor del pulgar izquierdo. Sujetando la aguja con la mano derecha, inserte el extremo hacia arriba en el bucle de hilo que rodea el pulgar.

**2** Pase el extremo por debajo del bucle del índice, y después hacia atrás por debajo del bucle del pulgar. Deje que el bucle se suelte del pulgar sin que se salga de la aguja. Tire suavemente de las hebras para apretar el punto.

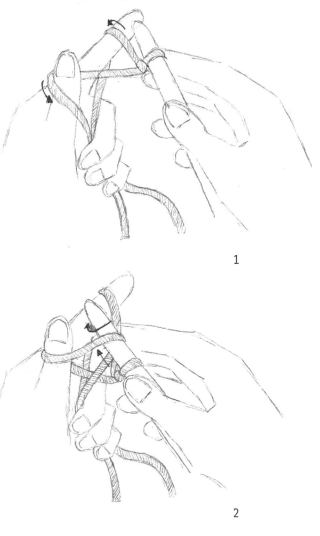

1

2

## Montar puntos con el método de la trenza

Para el método de la trenza se utilizan dos agujas y es particularmente adecuado para los bordes de canalé, pues proporciona un acabado robusto, pero al mismo tiempo elástico. Como tiene que insertar la aguja entre los puntos e introducir el hilo para crear otro punto, asegúrese siempre de que el nuevo punto no le quede demasiado tenso. El método de la trenza es uno de los modos de montar puntos más utilizados.

**1** Sujete con la mano izquierda la aguja que tiene el nudo corredizo, e introduzca el extremo de la otra aguja de izquierda a derecha y de delante hacia atrás por dentro del nudo corredizo. Enrolle el hilo de la parte más cercana al ovillo hacia arriba y por encima del extremo de la aguja que sostiene con la mano derecha.

**2** Con la aguja que sostiene en la mano derecha, lleve este bucle por dentro del nudo corredizo.

**3** No suelte este bucle de la aguja.

**4** En su lugar, deslice el bucle en la aguja de la mano izquierda para hacer un nuevo punto.

**5** A continuación, inserte la aguja que sostiene en la mano derecha entre los dos puntos de la aguja que sujeta en la mano izquierda, y enrolle el hilo alrededor del extremo de la aguja de la mano derecha.

**6** Sáquelo por el otro lado de la aguja. No suelte este bucle.

**7** Deslícelo en la aguja de la mano izquierda para hacer un nuevo punto, del mismo modo que antes.

Repita los pasos 5 y 6 hasta que haya montado el número necesario de puntos.

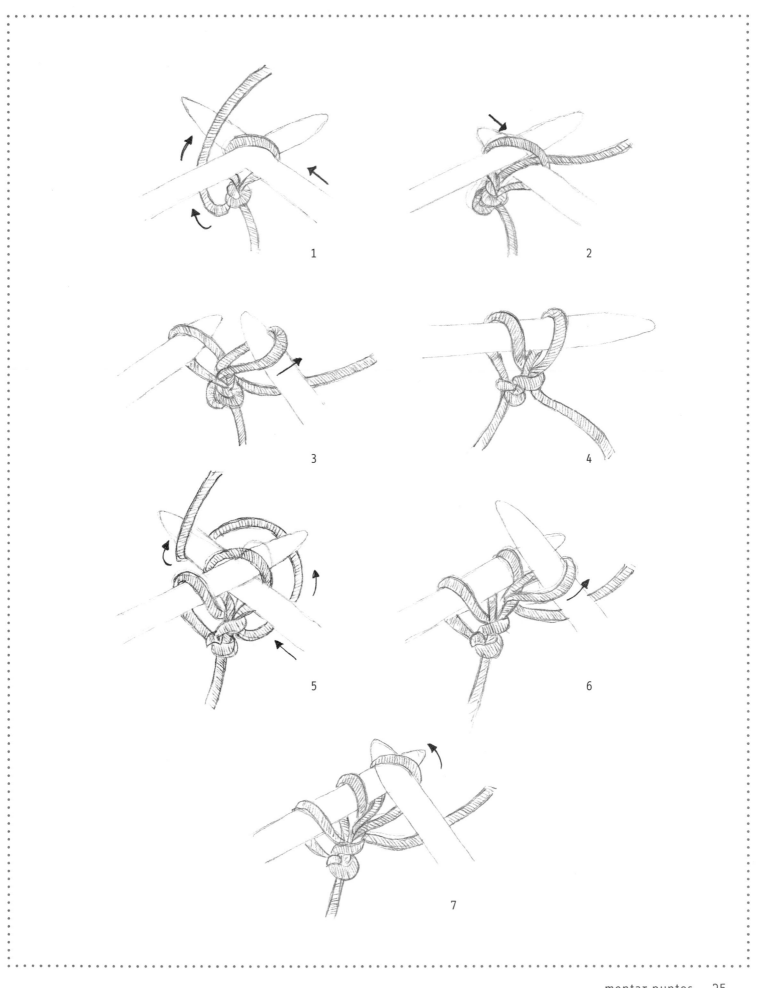

1

2

3

4

5

6

7

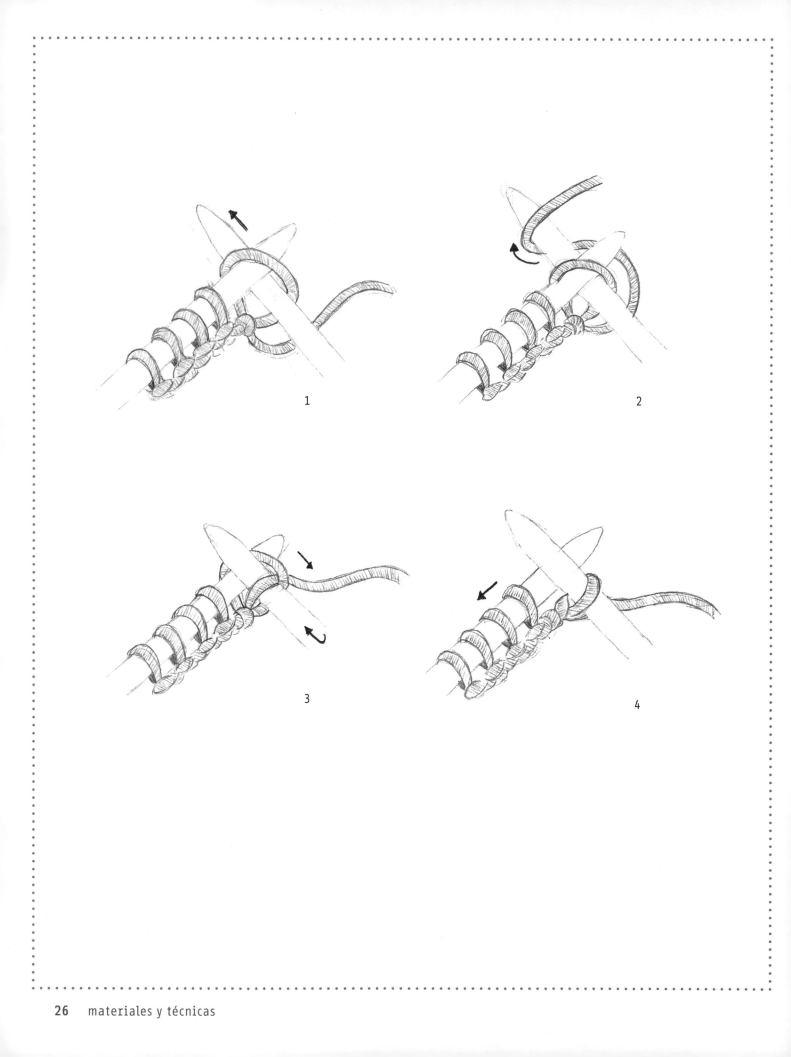

1

2

3

4

# Punto del derecho

Después de montar el número necesario de puntos, puede empezar a hacer la primera vuelta. Cada punto se hace con el sencillo proceso de cuatro pasos que se muestra en la imagen; siempre lo recuerdo con la cantinela de: «Meter la aguja, enrollar el hilo, pasar el hilo, sacar el punto». Cada vuelta se completa repitiendo el proceso hasta que todos los puntos de la aguja de la mano izquierda hayan pasado a la aguja de la mano derecha. Cuando se acaba una vuelta, se cambian de mano las agujas y se empieza otra vez. Si todas las vueltas se crean de este modo, tendremos el llamado *punto bobo* (*véase* pág. 50), pero si se combinan otros tipos de punto, se crearán distintas texturas (*véase* Biblioteca de puntos, págs. 48-61).

**1 Meter la aguja**  Sujete con la mano izquierda la aguja que tiene montados los puntos. Tome la otra aguja con la mano derecha e introdúzcala en el primer punto. Pase la aguja por debajo del bucle y hacia el centro de modo que las dos agujas formen una equis, con la aguja de la mano izquierda delante de la aguja de la mano derecha.

**2 Enrollar el hilo**  Sujetando la hebra de trabajo con la mano derecha, enróllela desde la parte posterior de la labor, y en el sentido de las agujas del reloj, alrededor de la punta de la aguja que sostiene con la mano derecha, para hacer un bucle.

**3 Pasar el hilo**  Deslice la aguja de la mano derecha hacia usted, pasando el extremo por el centro del punto de la aguja de la mano izquierda y sacando hacia fuera el hilo que acaba de enrollar en la punta de la aguja derecha.

**4 Sacar el punto**  Tire del punto original de la aguja izquierda sacándolo de ella y pasándolo a la derecha. Ya tiene un punto tejido del derecho en la aguja de la mano derecha.

## Método continental

Sujete las agujas como se ha indicado en el método continental (*véase* pág. 20). Introduzca el extremo de la aguja que sostiene con la mano derecha en el primer punto de la aguja que sostiene con la mano izquierda. Enrolle la hebra de trabajo que tiene en la mano izquierda alrededor de la punta de la aguja de la mano derecha. Deslice la aguja de la mano derecha hacia usted, pasando el extremo por el centro del primer punto de la aguja de la mano izquierda para sacar el hilo enrollado hacia fuera atravesando dicho punto.

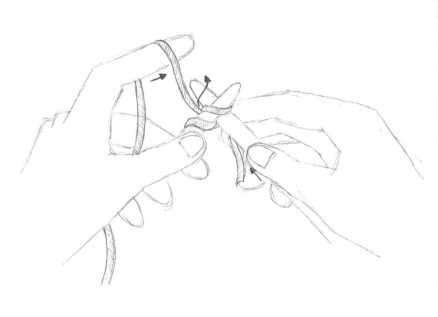

# Punto del revés

Este punto se trabaja prácticamente igual que el del derecho, pero con una sencilla diferencia: con el punto del derecho, el hilo se sostiene por detrás de la labor, mientras que con el punto de revés, se sostiene por delante. Así, para el punto del revés, deberá realizar el sencillo proceso de cuatro pasos que se muestra en la imagen. Repítalo hasta completar la vuelta y que todos los puntos de la aguja de la mano izquierda hayan pasado a la de la mano derecha. Cambie de mano las agujas y comience con la siguiente vuelta. La combinación de punto del derecho y del punto del revés es la base de todas las labores de punto, incluido el muy popular punto de media, que se hace trabajando una vuelta del derecho y otra del revés (*véase* pág. 50). ¡Los sencillos puntos del derecho y del revés son prácticamente lo único que hay que saber para hacer punto!

**1 Meter la aguja** Sujete con la mano izquierda la aguja que tiene montados los puntos. Tome la otra aguja con la mano derecha y sujete la hebra de trabajo por delante de la labor. Introduzca la aguja de detrás hacia delante en el primer punto. Pase la aguja por debajo del bucle y hacia el centro de modo que las dos agujas formen una equis, con la aguja de la mano derecha delante de la aguja de la mano izquierda.

**2 Enrollar el hilo** Sujetando la hebra de trabajo con la mano derecha, enróllela desde la parte de delante de la labor, y en el sentido de las agujas del reloj, alrededor de la punta de la aguja que sostiene con la mano derecha, para hacer un bucle.

**3 Pasar el hilo** Deslice la aguja de la mano derecha hacia atrás, pasando el extremo por el centro del punto de la aguja de la mano izquierda y sacando hacia fuera el hilo que acaba de enrollar en la punta de la aguja derecha.

**4 Sacar el punto** Tire del punto original de la aguja izquierda sacándolo de ella y pasándolo a la derecha. Ya tiene un punto tejido del revés en la aguja de la mano derecha.

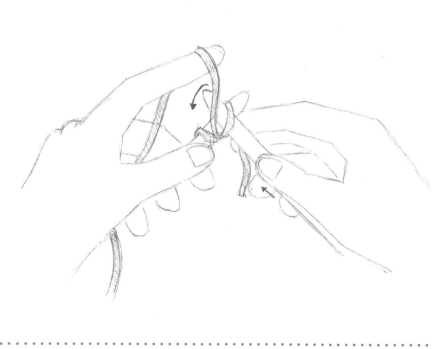

## Método continental

Sujete las agujas como se ha indicado en el método continental (*véase* pág. 20). Con la hebra de trabajo por delante de la aguja de la mano izquierda, ponga el extremo de la aguja que sostiene con la mano derecha, de detrás hacia delante, dentro del primer punto de la aguja que sostiene con la mano izquierda. Enrolle la hebra de trabajo alrededor de la punta de la aguja de la mano derecha en el sentido de las agujas del reloj. Deslice la aguja de la mano derecha hacia atrás, pasando el extremo por el centro del primer punto de la aguja de la mano izquierda para sacar el hilo enrollado hacia fuera atravesando dicho punto.

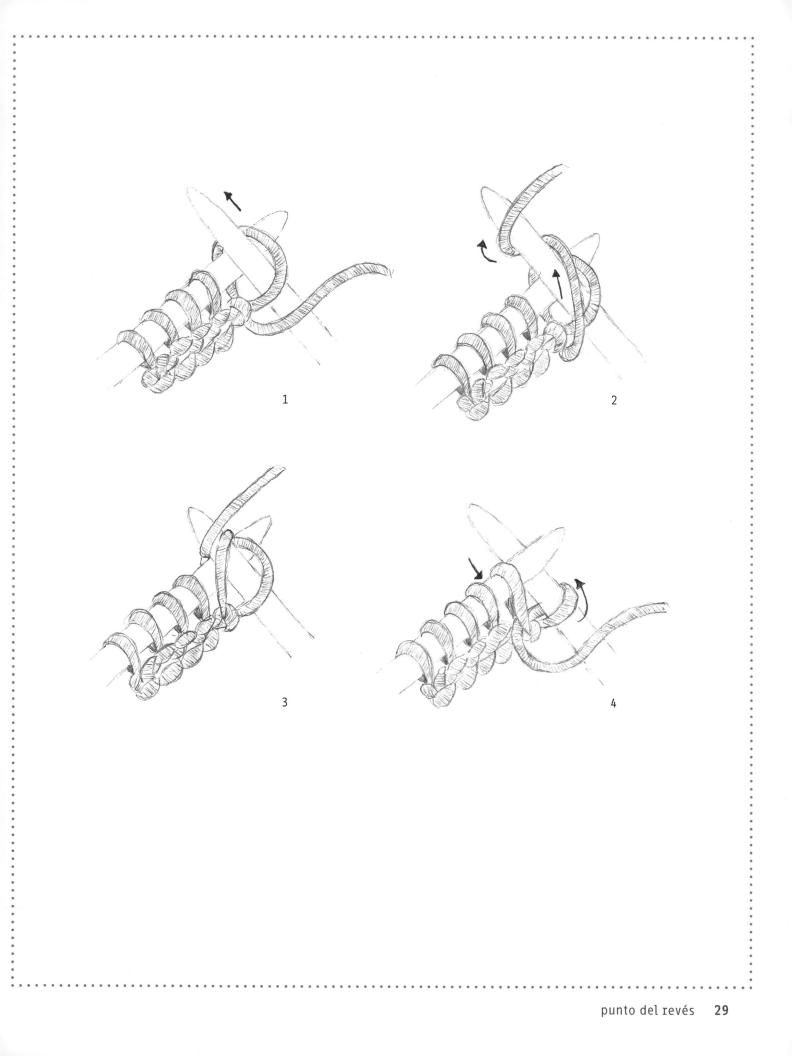

1

2

3

4

# Aumentar puntos

### Aumentar

Añadir puntos o quitarlos —aumentar o disminuir— da forma a la labor de punto. Hay varios modos de aumentar puntos, pero el método más sencillo es tomar la parte horizontal del hilo que hay entre dos puntos y tejer por la parte posterior. Este tipo de aumento produce una ligera inclinación hacia la izquierda que, sin embargo, resulta prácticamente inapreciable en la labor acabada. *Véase* en la página 96 un método alternativo.

### Hacer un aumento en una vuelta del derecho (inclinación hacia la izquierda)

**1** Trabaje hasta la posición del aumento. Con la punta de la aguja de la mano izquierda, levante el hilo horizontal que queda entre los puntos trabajados y los no trabajados.

**2** Teja por la parte posterior del hilo levantado de la aguja izquierda para hacer un nuevo punto.

### Hacer un aumento en una vuelta del derecho (inclinación hacia la derecha)

**3** Trabaje hasta la posición del aumento. Con la punta de la aguja de la mano izquierda, levante el hilo horizontal que queda entre los puntos trabajados y los no trabajados.

**4** Teja por la parte del hilo levantado de la aguja izquierda para hacer un nuevo punto.

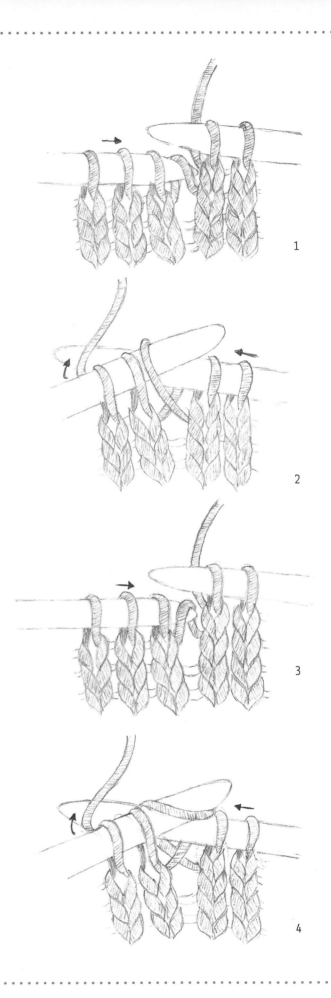

# Disminuir puntos

## Disminuir
El método más sencillo de disminuir puntos
consiste en tejer dos puntos juntos. Tejer los puntos
juntos por la parte posterior de la labor crea una
inclinación a la izquierda, y tejerlos por la parte
anterior, una inclinación a la derecha.

### Tejer dos puntos juntos del derecho (tej2pder juntos) [inclinación a la derecha]
**1** En lugar de insertar la aguja de la mano derecha
en un punto de la aguja de la mano izquierda,
introdúzcala en los dos primeros a la vez por la
parte anterior. Enrolle el hilo alrededor de la punta
de la aguja de la mano derecha para hacer un bucle.
Deslice la aguja de la mano derecha hacia usted
pasando la punta, con el bucle, por el centro de los
dos puntos. Deslice los dos puntos juntos de la aguja
de la mano izquierda a la de la mano derecha. Ahora
tendrá sólo un punto en la aguja de la mano derecha,
en lugar de dos.

### Tejer dos puntos juntos del derecho por detrás (tej2pder juntos pdetr) [inclinación a la izquierda]
**2** Introduzca el extremo de la aguja de la mano derecha
por la parte posterior de los dos primeros puntos
de la aguja de la mano izquierda, dejando esta última
aguja por encima de la aguja de la mano derecha.
Trabaje del mismo modo que en el apartado anterior,
tejiendo estos dos puntos juntos para crear uno solo.

### Tejer dos puntos juntos del revés (tej2prev juntos) [inclinación a la derecha]
**3** Introduzca el extremo de la aguja de la mano derecha,
de detrás hacia delante, y dejando la aguja de la mano
izquierda por debajo de la aguja de la mano derecha.
Teja los dos puntos juntos para crear uno solo.

### Tejer dos puntos juntos del revés por detrás (tej2prev juntos pdetr) [inclinación a la izquierda]
**4** Introduzca el extremo de la aguja de la mano derecha
por la parte posterior de los primeros dos puntos
de la aguja de la mano izquierda. Trabaje del mismo
modo que en el apartado anterior para tejer los
puntos juntos y crear uno solo.

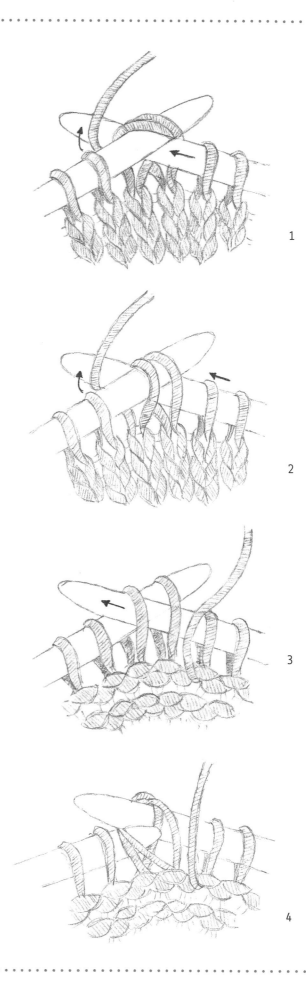

# Cerrar puntos

### Cierre básico en punto del derecho

En la mayoría de los casos, esto es lo último que debe hacerse para rematar la labor. Es el proceso por el que se fija la labor de punto para que no se deshaga cuando se quiten las agujas.

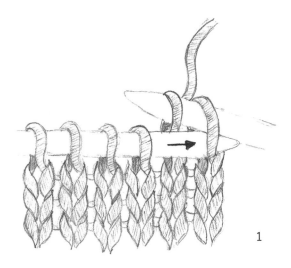

**1** Al principio de la última vuelta, teja los dos primeros puntos de la forma habitual, pasándolos a la aguja de la mano derecha. Después, introduzca el extremo de la aguja de la mano izquierda en el primer punto de la aguja de la mano derecha.

**2** Levante el primer punto tejido de la aguja de la mano derecha sobre el segundo punto.

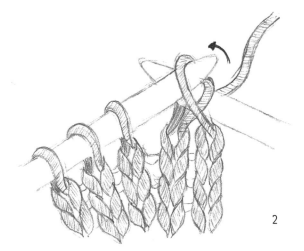

**3** Después, retire la aguja de la mano izquierda de modo que sólo quede un punto tejido en la aguja de la mano derecha. Teja el siguiente punto de la aguja de la mano izquierda para que otra vez haya dos puntos en la aguja de la mano derecha. Repita estos pasos asegurándose de que nunca haya más de dos puntos tejidos en la aguja de la mano derecha.

Trabaje hasta que quede un solo punto tejido en la aguja de la mano derecha. Corte la hebra de trabajo. Pase el extremo de la hebra a través del último bucle. Retire la aguja y tire del extremo del hilo para apretarlo.

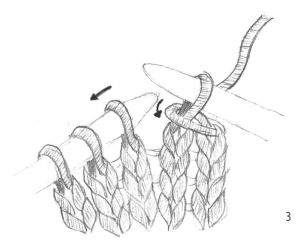

## Cierre básico en punto del revés

El cierre del revés crea un borde firme y se utiliza cuando se ha tejido con punto del revés.

**1** Al principio de la última vuelta, teja en punto del revés los dos primeros puntos del modo habitual. Introduzca el extremo de la aguja de la mano izquierda en el primer punto tejido de la aguja de la mano derecha.

**2** Levante el primer punto tejido de la aguja de la mano derecha sobre el segundo punto.

**3** Después, retire la aguja de la mano izquierda de modo que quede un punto tejido en la aguja de la mano derecha. Teja el siguiente punto de la aguja de la mano izquierda para que haya de nuevo dos puntos tejidos en la aguja de la mano derecha. Repita estos pasos asegurándose de que nunca haya más de dos puntos tejidos en la aguja de la mano derecha.

Trabaje hasta que quede un solo punto tejido en la aguja de la mano derecha. Corte la hebra de trabajo. Pase el extremo de la hebra a través del último bucle. Retire la aguja y tire del extremo del hilo para apretarlo.

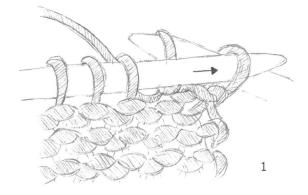

1

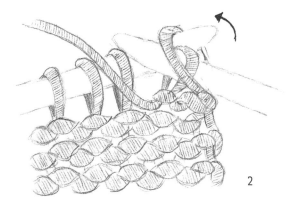

2

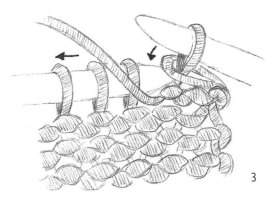

3

# Tejer en redondo

Tejer en redondo puede hacerse con agujas circulares o con agujas de doble punta. Cuando se teje en redondo, la labor adopta una forma tubular que no tiene costuras por los lados, así que es perfecto para prendas como calcetines (*véanse* págs. 110-113). Otra ventaja es que sólo se trabaja por el lado del derecho, por lo que dar forma a la prenda resulta más pulcro y fácil.

1

## Tejer con agujas de doble punta

Las agujas de doble punta se venden en lotes de cuatro o cinco agujas, y las hay de 18 y de 25 cm de longitud. Hoy es posible adquirir agujas «cuadradas», que están labradas y tienen cuatro caras, en oposición a las cilíndricas. Algunas personas que hacen punto dicen que las agujas «cuadradas» les ayudan a obtener una tensión más uniforme en el punto y a trabajar con mayor fluidez.

**1** Monte en la primera aguja los puntos necesarios, más uno extra. Deslice este punto adicional a la siguiente aguja, tal y como se muestra en el dibujo. Continúe de este modo, montando el número necesario de puntos en la última aguja.

**2** Coloque las agujas como se muestra en el dibujo, formando un triángulo (o cuadrado) con los bucles de los puntos montados mirando hacia fuera.

**3** Coloque un marcador de puntos o un hilo de color que contraste después del último punto montado para indicar el final de la vuelta. Con la aguja libre, teja el primer punto montado y tire del hilo para apretar y evitar dejar un hueco. Trabaje en redondo hasta llegar al marcador de puntos. Así completará la primera vuelta. Pase el marcador a la aguja de la mano derecha y realice la siguiente vuelta.

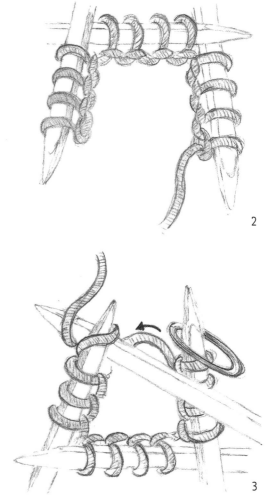

2

3

### Tejer con agujas circulares

Las agujas circulares están disponibles en distintos tamaños. La longitud usada dependerá del número de puntos con los que se trabaje, así como de la tensión del tejido. La aguja debe ser lo bastante corta como para que los puntos no se estiren cuando se unan los extremos de la aguja.

Las agujas circulares se comercializan en plástico, aluminio o recubiertas de teflón, pero todas tienen alambres de plástico para unir. Si el plástico de la aguja se curva, sumérjala en agua caliente para estirarlo antes de empezar a tejer. Cuando una la labor, asegúrese de que los puntos no queden retorcidos. Los puntos montados retorcidos no pueden rectificarse después de haber hecho una vuelta. Para evitarlo, mantenga hacia fuera el lado del bucle de los puntos montados o haga una vuelta antes de unir los puntos y cosa después el hueco.

Para identificar el comienzo de cada nueva vuelta, coloque un marcador o un hilo de distinto color entre los primeros y los últimos puntos montados antes de unir. Deslice el marcador antes de cada vuelta.

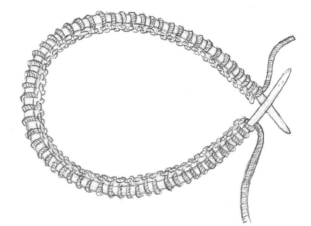

Monte los puntos como si tejiera recto. Distribuya los puntos uniformemente alrededor de la aguja asegurándose de no retorcerlos. Coloque un marcador de puntos o un hilo de color después del último punto de la vuelta base para indicar el final de la misma. Sujete con la mano derecha el extremo de la aguja que tiene el último punto montado, y con la izquierda, el que tiene el primer punto montado. Trabaje en redondo hasta llegar al marcador: así completará la primera vuelta. Deslice el marcador a la aguja de la mano derecha y haga la siguiente vuelta.

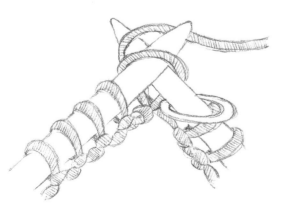

# Hacer una muestra para comprobar la tensión del punto

tejido en agujas de 5 mm
= demasiado flojo

tejido en agujas de 4 mm
= demasiado tenso

tejido en agujas
de 4 1/2 mm = correcto

Es crucial comprobar la tensión del punto antes de iniciar cualquier labor. La tensión es el número de puntos y vueltas de un área, y va a determinar las medidas de una prenda, por lo que es fundamental obtener el mismo número de vueltas y puntos que se establezca en el patrón que se vaya a seguir.

Una pequeña diferencia de 10 cm puede suponer una diferencia considerable en la anchura total de la prenda. Si la tensión es menor o superior a la indicada en el patrón, la prenda le quedará más grande o más pequeña. Por eso, invertir 15 minutos en tejer una muestra para comprobar la tensión del punto antes de empezar puede ahorrarle muchos problemas más tarde.

El tamaño del punto depende del hilo, del calibre de las agujas y del control del hilo que tenga quien teja. Asimismo, está relecionada con el estado de ánimo: es normal que la tensión del hilo sea superior cuando quien hace punto tiene mucho estrés.

Con el mismo hilo, las mismas agujas y el mismo punto que se indiquen en el patrón, teja una muestra cuadrada de al menos 13 cm de lado.

## Medición de la tensión de la muestra

Extienda la muestra sobre una superficie plana. Para comprobar la tensión del punto, coloque una regla (una cinta métrica puede ser menos precisa) horizontal sobre el tejido y marque 10 cm con alfileres. Cuente el número de puntos que haya entre los alfileres. Para comprobar la tensión de una vuelta, coloque la regla en vertical, marque 10 cm con alfileres y cuente el número de vueltas. Si el número de puntos y vueltas es superior a lo que se indique en el patrón, la tensión será mayor de lo necesario. Esta diferencia podrá normalmente regularse utilizando agujas de mayor calibre. Si el número de puntos es inferior al número que se especifique en el patrón, la tensión será menor de lo necesario y deberá emplear unas agujas de menor calibre. Una advertencia: la tensión puede cambiar respecto a la muestra cuando teja la prenda, pues su manera de hacer punto puede variar al trabajar más puntos.

# Abreviaturas

A continuación se muestra una lista de las abreviaturas más utilizadas en los patrones de punto. Además, al principio de un patrón pueden emplearse abreviaturas especiales que quizá no aparezcan en esta lista, como, por ejemplo, las instrucciones para un punto de trenza específico. Generalmente, si se va a utilizar cualquier abreviatura especial, se proporcionará su definición al principio del patrón.

| | |
|---|---|
| ( ) | trabajar las instrucciones entre paréntesis en el lugar donde se indique |
| * | repetir las instrucciones siguiendo el asterisco como se indique |
| ** | repetir las instrucciones siguiendo los asteriscos como se indique |
| [ ] | trabajar las instrucciones entre corchetes tantas veces como se indique |
| ag. aux. | aguja auxiliar |
| alt. | alterno/a |
| aprox. | aproximadamente |
| aum. | aumentar/aumentos |
| AUM1 | aumentar 1 punto metiendo la aguja como para hacer punto del derecho |
| AUM1prev | aumentar 1 punto metiendo la aguja como para hacer punto del revés |
| cm | centímetros |
| com. | comenzar/comienzo/comenzando |
| cont. | continuar/continuación/continuando |
| CP | color principal |
| dism. | disminuir |
| entr. | entre |
| g | gramo |
| hpdel | hebra por delante; como al hacer p. rev. |
| hpdet | hebra por detrás; como al hacer p. der. |
| LD | lado del derecho |
| LR | lado del revés |
| M | metro |
| MD | mano derecha |
| MI | mano izquierda |
| mm | milímetros |
| mp | montar puntos |
| p. | punto |
| p. der./pder | punto del derecho |
| p. med. | punto de media |
| p. media inv. | punto de media inverso |
| p. rev./prev | punto del revés |
| pdetr | por detrás |
| pelást | punto elástico |
| psinhacer1der | punto sin hacer del derecho |
| psinhacer1rev | punto sin hacer del revés |
| ptr12del | punto de trenza × 12 por delante: pasar 8 puntos a la aguja auxiliar y sujetarla por la parte de delante de la labor; tejer 8 p. der.; después tejer con p. der. los 8 puntos de la aguja auxiliar |
| ptr12detr | punto de trenza × 12 por detrás: pasar 8 puntos a la aguja auxiliar y sujetarla por la parte de detrás de la labor; tejer 8 p. der.; después tejer con p. der. los 8 puntos de la aguja auxiliar |
| ptr4del | punto de trenza × 4 por delante: pasar 2 puntos a la aguja auxiliar y sujetarla por la parte de delante de la labor; tejer 2 p. der.; después tejer con p. der. los 2 puntos de la aguja auxiliar |
| ptr4detr | punto de trenza × 4 por detrás: pasar 2 puntos a la aguja auxiliar y sujetarla por la parte de detrás de la labor; tejer 2 p. der.; después tejer con p. der. los 2 puntos de la aguja auxiliar |
| ptr8del | punto de trenza × 8 por delante: pasar 4 puntos a la aguja auxiliar y sujetarla por la parte de delante de la labor; tejer 4 p. der.; después tejer con p. der. los 4 puntos de la aguja auxiliar |
| ptr8detr | punto de trenza × 8 por detrás: pasar 4 puntos a la aguja auxiliar y sujetarla por la parte de detrás de la labor; tejer 4 p. der.; después tejer con p. der. los 4 puntos de la aguja auxiliar |
| rep. | repetir/repeticiones |
| rest. | restantes |
| seg. | seguir |
| tej1pder pdel pdetr | tejer un punto del derecho por la parte de delante y la de detrás del siguiente punto |
| tej1pder pdetr | tejer un punto del derecho por la parte de detrás del siguiente punto |
| tej2pder juntos pdetr | tejer 2 puntos del derecho juntos por detrás |
| tej2pder juntos | tejer 2 puntos del derecho juntos |
| tej2prev juntos pdetr | tejer dos puntos juntos del revés por detrás |
| tej2prev juntos | tejer dos puntos juntos del revés |
| tej1pder abajo | tejer 1 punto del derecho en la vuelta de abajo |
| v. | vuelta |
| vta. | vuelta |

# Glosario

A veces, entender un patrón puede asemejarse a luchar por comprender un idioma extranjero. Aunque al principio pueda ser frustrante, una vez se familiarice con unas pocas frases clave, ¡todo irá sobre ruedas!

**A la vez** se utiliza cuando se está dando forma a una prenda y hay que hacerlo de manera distinta en cada borde. Por ejemplo, se puede estar disminuyendo para la sisa y, a la vez, hacer lo mismo en el cuello.

**Aumentar** añadir puntos a una vuelta (por ejemplo, tejiendo por la parte de delante o de detrás de un punto).

**Borde integral** número de puntos hechos en una textura o un punto que contraste a la vez que el tejido principal para obtener un acabado «sin costuras» (por ejemplo, tiras de botones o bordes en un plaid).

**Cerrar puntos** rematar un borde para que los puntos no se deshagan levantando el primer punto sobre el segundo, el segundo sobre el tercero, etcétera.

**Cerrar puntos en punto elástico** mantener el punto elástico al cerrar los puntos (haciendo los puntos del derecho, del derecho; y los del revés, del revés).

**Colocar marcadores** colocar un trozo de hilo que contraste o un marcador de puntos en la aguja o en los extremos de una vuelta.

**Dar forma inversa** normalmente aparece en patrones de una prenda donde una mitad, como el delantero derecho, debe ser reflejo de la otra mitad, es decir, el delantero izquierdo.

**Dar la vuelta** dejar de trabajar en un punto determinado (ignorar los puntos que están sin trabajar en la aguja de la mano izquierda), dar la vuelta y trabajar los puntos como se indique.

**Disminuir** reducir el número de puntos de una vuelta (por ejemplo, tejiendo juntos 2 puntos del derecho o 2 puntos del revés).

**En el borde frontal** el borde que queda en el centro, a veces, el que tiene ojales o una tira de botones.

**En el borde lateral** el borde por el que se coserá una pieza a otra; se utiliza normalmente cuando se teje un jersey.

**En la 4.ª vuelta siguiente y cada 6 vueltas** se utiliza normalmente para dar forma: hacer tres vueltas y después realizar la disminución o el aumento (según se especifique) en la cuarta vuelta. Hacer cinco vueltas más y realizar la disminución o el aumento, según se especifique, en la sexta vuelta. Continuar, haciendo cinco vueltas y aumentando o disminuyendo en la sexta vuelta hasta completar el número de puntos que se necesiten.

**Hebra** hacer un nuevo punto colocando la hebra sobre la aguja de la mano derecha (hpdel, hpdetr).

**Orillo/punto de orillo** este punto facilita la confección de costuras.

**Punto sin hacer** pasar un punto de la aguja de la mano izquierda a la aguja de la mano derecha como si se hiciera punto del revés, pero sin trabajarlo.

**Recoger puntos y tejer con punto del derecho/del revés** hacer punto del derecho o del revés en los bucles de un borde el número de veces que se indique.

**Rep. desde \*** repetir las instrucciones que se den después del *.

**Tejer un punto del derecho abajo** introducir la aguja de la mano derecha en el siguiente punto de la aguja de la mano izquierda, pero en la vuelta de abajo. Después, tejer el punto de la forma habitual (*véase* la ilustración).

**Trabajar hasta los últimos dos puntos** trabajar toda la vuelta hasta que sólo queden dos puntos (o el número que se especifique) en la aguja de la mano izquierda.

**Vueltas alt.** se utiliza cuando hay que hacer algo en cada vuelta alterna, normalmente dar forma.

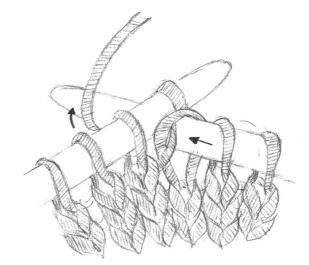

# Costuras

Una prenda de punto bonita puede estropearse
por culpa de un mal acabado, así que tómese el
tiempo necesario para montar la labor de punto.
Junto con el pespunte (*véase* pág. 73), utilizo casi
siempre el punto de costura invisible para hacer
costuras. A diferencia de otros diseñadores
de prendas de punto a mano, prefiero no emplear
el final del hilo para montar la prenda. En cambio,
uso un hilo nuevo, del mismo material de la prenda
o de otro. La razón es muy simple: es más fácil
cerrar la costura tirando suavemente del hilo
desde los dos extremos. Cuando sólo se tira desde
un extremo, hay más posibilidades de que el hilo
pueda romperse.

### Unir dos orillos

Enhebre una aguja de punta roma con un trozo de hilo.
Coloque las dos piezas de la labor con la cara del
derecho hacia arriba para unirlas por los orillos.
En la pieza de la derecha, desde la parte delantera,
lleve la aguja por debajo de los dos primeros
fragmentos horizontales de hilo que dividen los
puntos de la parte inferior de los de la superior.
lleve la aguja hasta la pieza de la izquierda y pásela
también por debajo de los mismos fragmentos
horizontales de hilo. Continúe de este modo pasando
del lado derecho al lado izquierdo y tomando dos
fragmentos de hilo cada vez hasta completar la costura.
Deténgase a intervalos regulares de unos 5 cm para
tirar suavemente del hilo y acercar los orillos.

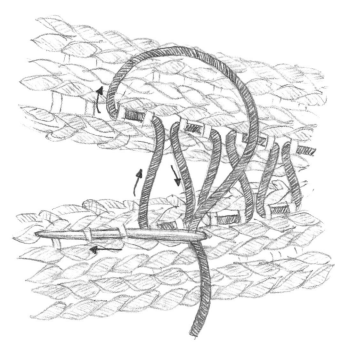

### Unir a un orillo un borde cerrado

Enhebre una aguja de punta roma con un trozo
de hilo. Coloque las dos piezas de la labor
con la cara del derecho hacia arriba para unirlas
por el borde cerrado y el orillo. Por el borde
cerrado, lleve la aguja de detrás hacia delante
atravesando el primer punto por el centro.
Después, pase la aguja por debajo de uno
o dos de los fragmentos horizontales de hilo
(en función de que el punto sea igual de ancho
que de alto, o no) que haya entre el primer
y el segundo punto del orillo, y luego de nuevo
por el centro del mismo punto del borde cerrado.
Prosiga, pasando del borde cerrado al orillo,
hasta completar la costura.

### Hacer una costura con dos piezas de punto elástico y bordes de punto del derecho

Coloque las dos piezas de la labor con la cara del derecho hacia arriba para unirlas por los orillos. En la pieza de la derecha, desde la parte delantera, pase la aguja por debajo del trozo horizontal de hilo que haya en el centro del primer punto. Lleve la aguja hasta la pieza de la izquierda y pásela también por debajo del trozo horizontal de hilo que haya en el centro del primer punto. Continúe de este modo, tirando suavemente el hilo a intervalos, hasta crear una hilera completa de puntos del derecho.

### Hacer una costura con dos piezas de punto elástico y bordes de punto del revés

Sáltese el punto del revés del borde de cada pieza y cree la costura por el centro de los primeros puntos del derecho del mismo modo que se ha indicado más arriba para juntar bordes de punto del derecho.

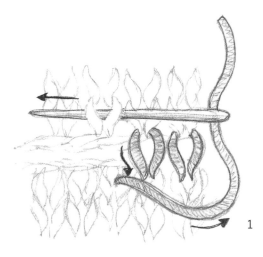

### Hacer una costura con dos piezas de punto elástico y un borde de punto del derecho y otro del revés

Sáltese el punto del revés del borde de cada pieza y cree la costura por el centro de los primeros puntos del derecho del mismo modo que se ha indicado antes para juntar bordes de punto del derecho.

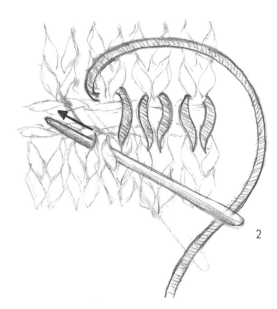

### Hacer una costura para unir dos bordes cerrados

**1** Enhebre una aguja de punta roma con un trozo de hilo. Coloque las dos piezas de la labor con la cara del derecho hacia arriba y solapando los bordes. En la pieza inferior, lleve la aguja, desde detrás hacia delante, por el centro del primer punto que haya justo debajo del borde cerrado. Después, pase la aguja por el centro del primer punto de la pieza superior y sáquelo por el centro del siguiente punto.

**2** A continuación, pase de nuevo la aguja por el centro del primer punto de la pieza inferior y sáquela por el centro del siguiente punto de la izquierda. Continúe de este modo, pasando de la pieza inferior a la superior hasta completar la costura.

# Solución de problemas

¿Y qué se hace cuando las cosas salen mal? Incluso a los más expertos se les suelta un punto de vez en cuando, o se alejan del patrón y tienen que deshacer la labor. Si esto le sucede, no se desespere ni deje que le invada el pánico. Cuando se suelte un punto, mueva la labor lo menos posible para que no se deshaga, o impida que pase asegurándola con un imperdible. A la hora de solucionar errores, aunque en ese momento pueda ser desmoralizador tener que deshacer muchas vueltas, es mejor corregir enseguida que continuar sin darle importancia y después arrepentirse.

## Recuperar un punto suelto en una vuelta de puntos del derecho

Céntrese en el punto suelto y asegúrese de colocarlo sobre el hilo horizontal de la vuelta de arriba. Recupere el punto suelto con una aguja de ganchillo introduciéndola de delante hacia atrás y después, con la aguja, tome el hilo horizontal y páselo a través del punto. De ese modo el hilo se convertirá en un punto. Repítalo todas las veces que sea necesario hasta que el punto suelto haya pasado por todas las vueltas. Ponga el último punto recuperado en la aguja de la mano izquierda para tejerlo.

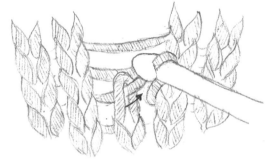

## Recuperar un punto suelto en una vuelta de puntos del revés

Céntrese en el punto suelto y asegúrese de colocarlo sobre el hilo horizontal de la vuelta de arriba. Recupere el punto suelto con una aguja de ganchillo introduciéndola de delante hacia atrás y después, con la aguja, recupere el hilo horizontal y páselo a través del punto. De ese modo el hilo se convertirá en un punto. Repítalo todas las veces que sea necesario hasta que el punto suelto haya pasado por todas las vueltas. Ponga el último punto recuperado en la aguja de la mano izquierda para tejerlo.

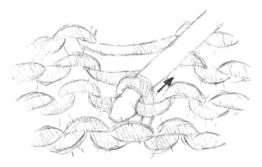

### Deshacer punto a punto en una vuelta de puntos del derecho

Introduzca el extremo de la aguja de la mano izquierda por la parte de delante del primer punto que haya debajo del primer punto de la aguja derecha. Deje que el punto salga de la aguja de la mano derecha y tire del hilo para soltar el punto. Repítalo hasta que llegue al lugar donde cometió el error.

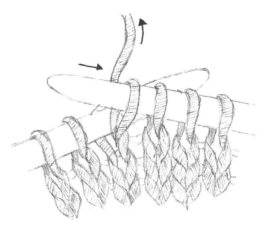

### Deshacer punto a punto en una vuelta de puntos del revés

Introduzca el extremo de la aguja de la mano izquierda por la parte de delante del primer punto que haya debajo del primer punto de la aguja derecha. Deje que el punto salga de la aguja de la mano derecha y tire del hilo para soltar el punto. Repítalo hasta que llegue al lugar donde cometió el error.

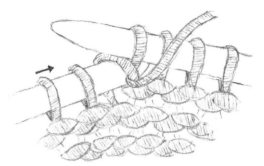

### Deshacer varias vueltas

Retire la labor de las dos agujas y tire del hilo lentamente y con cuidado para deshacer los puntos hasta llegar a la vuelta donde cometió el error. Sujete la labor con la mano izquierda y la aguja con la derecha, introduzca el extremo de la aguja por dentro del primer punto y continúe metiéndola hasta que todos los puntos vuelvan a estar en ella.

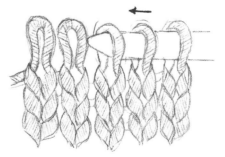

# Cómo interpretar los patrones

En lo que respecta a la interpretación de patrones, hay muchas convenciones y terminología comunes. Aunque los diseñadores y los fabricantes de hilos pueden utilizar ligeras variaciones, siempre debe proporcionarse la misma información. Antes de comprar hilo para cualquier proyecto, lea bien el patrón para asegurarse de que entiende exactamente lo que necesita.

## Talla

Para prendas del hogar y accesorios, los patrones normalmente sólo tienen una talla. Para prendas de vestir, sin embargo, me gusta proporcionar una selección de tallas que abarquen desde la muy pequeña hasta la muy grande. Para el jersey y la chaqueta de las páginas 134-141, he facilitado las dimensiones de la prenda tejida final, así como las medidas recomendadas de cada talla para que ajuste en el pecho. En función de si se quiere que una prenda quede ajustada o suelta, las medidas serán diferentes.

## Materiales

El patrón especifica qué tipo de hilo se necesita para el proyecto, junto con el número total de ovillos. Cuando el patrón sea para una prenda que viene en tallas diferentes, se mencionará el número de ovillos necesario para cada talla. En la lista de materiales también se consignará el calibre que se requiere que tengan las agujas, que podrían ser un par o más, así como los cierres: botones, cremalleras, adornos, etcétera.

## Tensión

La tensión indica cuántos puntos y vueltas debe haber en una unidad de medida, generalmente, un cuadrado de 10 cm de lado. Para conseguir las dimensiones exactas que se indiquen en un patrón, la tensión debe ser correcta (*véanse* págs. 36-37). Obtener la tensión exacta es menos crucial en un plaid o un cojín que en una prenda de vestir. Una diferencia en la tensión al tejer una prenda no sólo afectará a las dimensiones finales, sino también a la cantidad de hilo que se necesite para completar el proyecto.

## Instrucciones del patrón

El patrón se refiere a los elementos individuales del proyecto y proporciona todas las instrucciones necesarias para confeccionar cada parte. Cada patrón comienza con el calibre de las agujas, el tono del hilo que se va a usar (si se va a utilizar más de un color) y el número de puntos que hay que montar. Luego, continuará definiendo, vuelta por vuelta, el modo en que van los puntos, e indicará dónde están los aumentos y disminuciones para dar forma a la prenda, así como otros detalles, como los ojales. Puede costar un poco familiarizarse con el lenguaje de los patrones de punto, por lo que en las páginas 38 y 39 se presenta una lista de las abreviaturas más utilizadas, y se ha añadido un glosario de términos.

Al seguir cualquier patrón, deberá tener en cuenta el distinto uso de los paréntesis ( ) y los corchetes [ ]. Los paréntesis ( ) indican las distintas medidas o los diferentes puntos que se dan para diversas tallas. Las tallas que se dan para el jersey de las páginas 134-137 son extrapequeña, pequeña, mediana, grande y extragrande. Si elige tejer el jersey de la talla mediana, entonces tendrá que seguir las instrucciones que dé el patrón para la tercera talla. De modo que, para tejer la talla mediana, allí donde las instrucciones digan: «Con agujas de 3 mm, monte 97 (103: 109: 115: 119) puntos», deben montarse 109 puntos, es decir, el tercer número que se indica. La primera talla siempre aparece fuera de los paréntesis, y el resto, dentro. Del mismo modo, los paréntesis también se usan para medidas específicas dentro de un patrón de distintas tallas. Así que cuando las instrucciones indiquen: «Cont. en punto de media hasta que la labor mida 37 (38: 39: 40: 41) cm», para tejer la talla mediana debe guiarse por la tercera medida mencionada, es decir, 39 cm.

Tenga también en cuenta que muchos patrones de punto utilizan corchetes [ ], que no tienen nada que ver con las tallas, sino que se refieren a instrucciones de repetición (*véase* pág. 38).

## Montar la prenda

En esta sección se indica cómo coser las piezas para conseguir el mejor acabado.

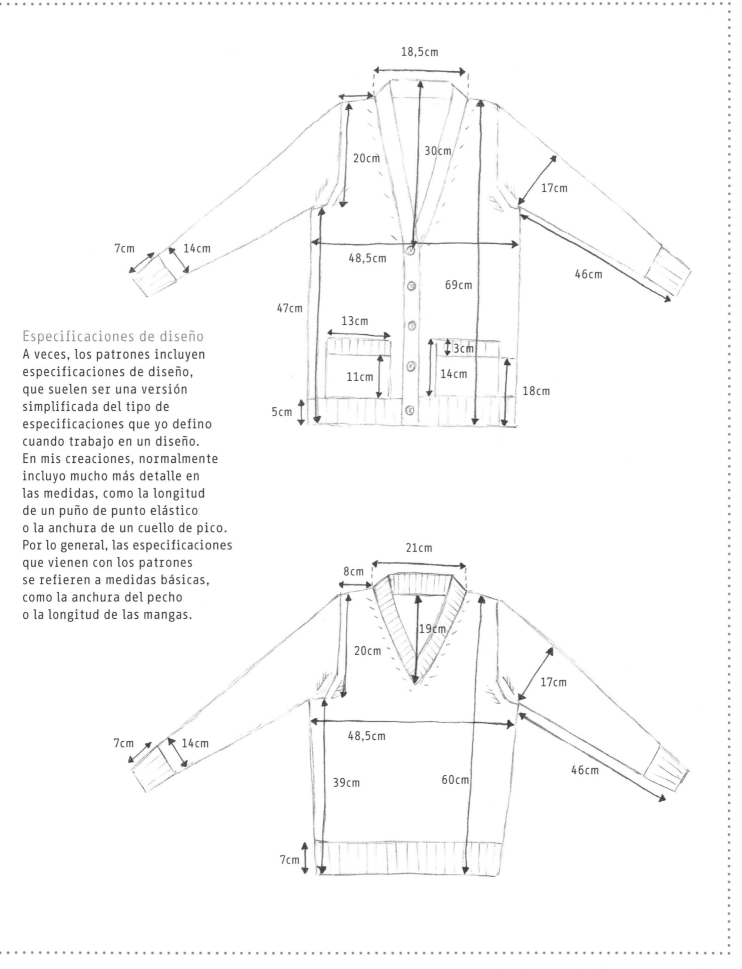

**Especificaciones de diseño**
A veces, los patrones incluyen especificaciones de diseño, que suelen ser una versión simplificada del tipo de especificaciones que yo defino cuando trabajo en un diseño. En mis creaciones, normalmente incluyo mucho más detalle en las medidas, como la longitud de un puño de punto elástico o la anchura de un cuello de pico. Por lo general, las especificaciones que vienen con los patrones se refieren a medidas básicas, como la anchura del pecho o la longitud de las mangas.

# Lectura de gráficos

En lugar de escribir vuelta por vuelta utilizando las abreviaturas y los términos de las páginas 44-45, un patrón de punto puede representarse por medio de un gráfico en papel milimetrado. Cada cuadrado del papel representa un punto, y cada línea de cuadrados, una vuelta. Los distintos puntos se destacan por un color o por un símbolo, especificado en una clave.

En los dos tipos de gráfico, las vueltas del lado del derecho (o vueltas impares) se leen de derecha a izquierda, mientras que las vueltas del lado del revés (o vueltas pares) se leen de izquierda a derecha. El gráfico se lee de abajo arriba.

Del mismo modo, las instrucciones de color pueden o bien escribirse por completo en el patrón o representarse por medio de un gráfico. Los distintos tonos de hilo que componen un diseño cromático se pueden representar o mediante un color (izquierda) o un símbolo (derecha).

**Clave**

C Marrón

A Gris claro

B Gris oscuro

C Marrón

A Gris claro

B Gris oscuro

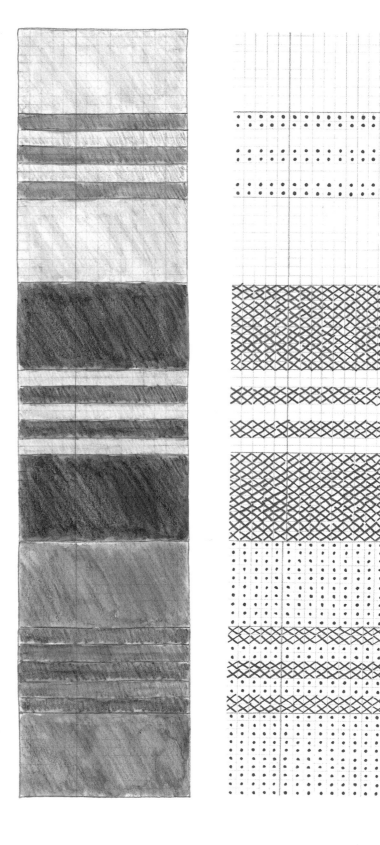

# Cuidado de las prendas

Después de invertir tanto tiempo en confeccionar una prenda de punto, debería tenerse mucho cuidado al lavarla. La frecuencia con que haga falta lavar una prenda dependerá de cómo se vista o se utilice. Muchos de los proyectos de este libro no se tienen que lavar de manera regular. En caso contrario, el hilo que emplee debe poder resistir el lavado frecuente, lo que no quiere decir necesariamente que todos los hilos deban ser aptos para el lavado a máquina. Mire las etiquetas: la mayoría de las de los hilos comerciales tienen instrucciones para el lavado con agua o en seco, el secado y el planchado. Por ello, para un proyecto que se teja con un solo hilo, una simple consulta de la etiqueta le dirá cómo debe lavarla. Si desea trabajar con varios hilos en un proyecto, el lavado de la prenda requerirá pensar un poco más. Si una de las etiquetas indica el lavado en seco, la prenda deberá lavarse de este modo.

## Lavado

Si duda sobre si la prenda de punto es lavable, haga una pequeña muestra con el mismo hilo con que la haya tejido y lávela para ver si encoge o se da de sí. Si los resultados le satisfacen, decídase a lavar la prenda a mano en agua tibia. No utilice nunca agua caliente, porque «apelmazará» el tejido y no será capaz de recuperar el estado anterior al lavado. En particular, la lana suele reaccionar a los cambios bruscos de temperatura.

Cuando lave una prenda de punto, trátela con cuidado. Debería usar agua suficiente para cubrir la prenda por completo, y el jabón tendría que disolverse completamente antes de sumergir la prenda en el agua. Si tiene que esterilizar una prenda muy sucia o manchada, utilice un producto esterilizador de calidad.

Como precaución, intente lavar los adornos que vaya a utilizar en una prenda antes de añadirlos a ella. No hay nada más frustrante que estropear una prenda completa porque los adornos destiñan. Las fibras naturales como la lana, el algodón y la seda normalmente se lavan mejor a mano —y con jabón puro— que a máquina. Si decide lavar una prenda de punto a máquina, introdúzcala en una funda de almohada como precaución. El jabón en escamas es menos agresivo para las pieles sensibles que la mayoría de los detergentes, siempre que todos los restos de jabón se eliminen al aclarar.

## Aclarado

Aclare cualquier exceso de agua sin retorcer la prenda. Aclárela por completo hasta eliminar todos los restos de jabón; si queda algún resto entre las fibras podría irritar la piel. Cambie el agua al menos dos veces, o hasta que esté clara y no tenga jabón. Mantenga el agua del aclarado a la misma temperatura que la del lavado.

## Centrifugado

Las prendas pueden aclararse en un programa corto de aclarado y centrifugado que forme parte de un programa normal de lavadora para tejidos delicados. De nuevo, como precaución, introduzca la prenda que vaya a centrifugar dentro de una funda de almohada.

## Secado

Coloque la prenda entre toallas o en una toalla doblada y presione suavemente. No cuelgue una prenda de punto mojada para que se seque, pues el peso del agua la dará de sí. Para su secado, coloque la prenda estirada sobre una toalla, lo que absorberá la humedad. Extienda la prenda dándole su forma. Póngala a secar lejos de cualquier fuente de calor directa y déjela hasta que se seque por completo.

## Planchado

Cuando la prenda esté seca, extiéndala dándole su forma. Consulte la etiqueta del hilo antes de planchar la prenda, pues la mayoría de las fibras sólo requieren un poco de vapor, y la plancha debe aplicarse con suavidad. También puede plancharla poniendo un trapo húmedo entre la prenda y la plancha.

## Quitar manchas

Las manchas son inevitables. La mejor solución es quitarse la prenda cuando la mancha esté aún húmeda y ponerla en remojo en agua fría, nunca caliente. Después, utilice un quitamanchas de calidad.

biblioteca
de puntos

# puntos básicos

*Para cualquier número de puntos*

Todas las vueltas van con punto del derecho.

### Punto bobo

- el primer punto que hay que dominar
- crea un tejido firme y pulcro
- las vueltas tienen el aspecto de pequeñas «ondas»
- al contar las vueltas, una vuelta de «ondas» equivale a dos vueltas tejidas

*Para cualquier número de puntos*

**Vuelta 1 (LD)** Punto del derecho.
**Vuelta 2** Punto del revés.
Rep. estas dos vueltas.

### Punto de media

- crea un tejido básico de superficie suave; a la superficie formada por pequeñas «uves», suele llamársele lado del derecho
- las «uves» son fáciles de contar cuando se comprueba la tensión del tejido

Para cualquier número
de puntos

**Vuelta 1 (LD)** Punto
del revés.
**Vuelta 2** Punto
del derecho.
Rep. estas dos vueltas.

## Punto de media inverso

- crea una buena textura
  alternativa
- es similar al punto bobo,
  pero más ligero

Para cualquier número
de puntos

**Vuelta 1 (LD)** Tejer
el punto del derecho
por la parte de
detrás de cada punto.
**Vuelta 2** Punto del revés.
Rep. estas dos vueltas.

## Punto de media retorcido

- este punto crea una superficie
  de textura sencilla
- cuando empecé a hacer punto,
  me salía el punto de media
  retorcido por error

# puntos elásticos

*Para un número par
de puntos*

*Pder1, prev1, rep.
desde * hasta final.
Rep esta vuelta.

*Para un número impar
de puntos*

**Vuelta 1** Pder1, * prev1,
pder1, rep. desde *
hasta final.
**Vuelta 2** Prev1, * pder1,
prev1, rep. desde *
hasta final.
Rep. estas dos vueltas.

*Para puntos de 4 en 4*

* Pder2, prev2, rep.
desde * hasta final.
Rep esta vuelta.

*Para puntos de 4 en 4 + 2*

**Vuelta 1** Pder2, * prev2,
pder2, rep. desde *
hasta final.
**Vuelta 2** Prev2, *pder2,
prev2, rep. desde *
hasta final.
Rep. estas dos vueltas.

### Punto elástico 1 × 1

- un punto clásico
- punto con que suele empezarse
  para jerséis y chaquetas
- confiere elasticidad a los puños,
  las cinturillas y los cuellos

### Punto elástico 2 × 2

- variación del punto elástico básico,
  probablemente la más popular
- excelente para prendas ajustadas
  y sombreros estilo
  «New Yorker»

**Punto elástico 3 × 2**

- uno de mis puntos elásticos favoritos
- prefiero que las bandas de canalé
sean impares, especialmente, para
la ropa masculina

**Punto elástico raso**

- crea una interesante superficie
tipo lino
- requiere concentración a la hora de
llevar el hilo por delante y por detrás

*Para puntos de 5 en 5 + 3*

**Vuelta 1** * Pder3, prev2,
rep. desde * hasta últimos
3 puntos, pder3.
**Vuelta 2** Prev3, * pder2,
prev3, rep. desde *
hasta final.
Rep estas dos vueltas.

*Para puntos de 5 en 5 + 2*

**Vuelta 1** * Prev2, pder3,
rep. desde * hasta últimos
2 puntos, prev2.
**Vuelta 2** * Pder2, prev3,
rep. desde * hasta últimos
2 puntos, pder2.
Rep. estas dos vueltas.

*Para puntos de 2 en 2 + 1*

**Vuelta 1 (LR)** punto del
revés.
**Vuelta 2** Pder1, * hpdel,
psinhacer1rev, hpdet,
pder1, rep. desde *
hasta final.
Rep estas dos vueltas.

# puntos
# con textura

*Para cualquier número
de puntos*

**Vuelta 1 (LD), 3 (LD) y
4 (LR)** Punto del derecho.
**Vuelta 2** Punto del revés.
Repetir estas 4 vueltas.

### Franjas

- *modo fácil y eficaz de levantar
una prenda o un proyecto lisos
con sencillas filas de textura*
- *crea lo que se llama tejido
«semiliso»*

*Para puntos de 4 en 4 + 3*

**Vuelta 1 (LD)** Pder1, *
prev1, pder3, rep. desde
* hasta últimos 2 puntos,
prev1, pder1.
**Vuelta 2** Punto del revés.
**Vuelta 3** Pder3, prev1,
rep. desde * hasta
últimos 3 puntos, pder3.
**Vuelta 4** Punto del revés.
Repetir estas 4 vueltas.

### Puntos

- *se inspira en telas tejidas*
- *crea un discreto efecto «dobby»*

## Punto elástico falso

- útil sustituto del punto elástico
que no estira
- por el lado del revés se crea
un interesante efecto de tejido
de cesta

*Para puntos de 2 en 2 + 1*

**Vuelta 1 (LD)** Pder1, *
prev1, pder1, rep
desde * hasta final.
**Vuelta 2** Prev, *
manteniendo hilo por
delante labor, tej1pder
pdetr, prev1, rep.
desde * hasta final.
Repetir estas 2 vueltas.

## Punto elástico desigual

- punto elástico «escalonado» que
tiene líneas pronunciadas de puntos
del derecho
- este punto da la sensación de mayor
profundidad que otros puntos
elásticos

*Para puntos de 4 en 4 + 3*

Pder2, prev2, rep. desde
* hasta últimos 3 puntos,
pder2, prev1.
Rep. esta vuelta.

# puntos
# con textura

*Para puntos de 2 en 2 + 1*

Pder1, * prev1, pder1;
rep. desde * hasta final
Repetir esta vuelta.

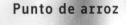

### Punto de arroz

- *punto reversible*
- *textura firme*
- *apropiado tanto para
hilos gruesos como finos*

*Para puntos de 2 en 2 + 1*

**Vuelta 1 (LR)** Prev1, *
tej1pder pdetr, prev1;
rep. desde *
hasta final.
**Vuelta 2** Punto
del derecho.
**Vuelta 3** * tej1pder
pdetr, prev1; rep.
desde * hasta último
punto, tej1pder pdetr.
**Vuelta 4** Punto
del derecho.

*Véanse* las abreviaturas
de página 38 para
tej1pder pdetr

### Punto de arroz doble

- *punto muy bonito para trabajarlo
con algodón fino*

**Punto de escapulario**

- queda muy natural como borde decorativo
- es un punto perfecto para bufandas y jerséis

*Para puntos de 7 en 7 + 1*

**Vuelta 1 (LR)** Punto del revés.
**Vuelta 2** * Tj2pder, pder2, tej1pder abajo y después tej1pder arriba, pder2, tjpder2 juntos, * pder2, tej1pder abajo y después tej1pder arriba, pder2, tjpder2 juntos; rep desde * hasta final.
Rep estas 4 vueltas.

*Véase* el modo de tejer un punto del derecho en la ilustración de la página 39

**Punto de tweed**

- punto reversible
- tejido firme para prendas del hogar
- utilice una aguja de calibre mayor para que el tejido quede más fluido

*Para puntos de 2 en 2 + 1*

**Vuelta 1 (LR)** Pder1, * hpdel, psinhacer1rev, hpdet, pder1, rep desde * hasta final.
**Vuelta 2** Prev2, * hpdet, psinhacer1rev, hpdel, prev1; rep desde * hasta el último punto, prev1.
Rep estas 2 vueltas.

# puntos de trenza

*Véanse* las abreviaturas de la página 38 para los puntos de trenza

*Para un panel de 4 puntos en punto de media inverso*

**Vuelta 1 (LD)** Punto del derecho.
**Vuelta 2** Punto del revés.
**Vuelta 3** Ptr4atr.
**Vuelta 4** Punto del revés.
Rep. estas 4 vueltas.
La trenza se tuerce hacia la derecha. Para trabajarla hacia la izquierda, haga en la vuelta 3, en lugar de ptr4atr, ptr4adel, en el que la aguja auxiliar se sostiene frente a la labor.

### Ochos

- el más sencillo de todos los puntos de trenza
- úselo en hileras pequeñas y pulcras
- recuerda a los jerséis tradicionales de criquet

*Para un panel de 8 puntos en punto de media inverso*

**Vuelta 1 (LD)** Punto del derecho.
**Vuelta 2** Punto del revés.
**Vueltas 3 y 4** Rep. vueltas 1 y 2.
**Vuelta 5** Ptr8atr.
**Vuelta 6** Punto del revés.
**Vuelta 7-10** Rep. vueltas 1 y 2 dos veces más.
Rep. estas 10 vueltas.
La trenza se tuerce hacia la derecha. Para trabajarla hacia la izquierda, haga en la vuelta 5, en lugar de ptr8atr, ptr8adel, en el que la aguja auxiliar se sostiene frente a la labor.

### Ochos

- aunque es sencillo, este punto parece complejo
- es fácil torcer los ochos a la izquierda o a la derecha.

Para un panel de 12 puntos
en punto de media inverso

**Vuelta 1 (LD)** Punto del derecho.
**Vuelta 2** Punto del revés.
**Vuelta 3** Ptr12atr.
**Vuelta 4** Punto del revés.
**Vueltas 5-16:** Rep. vueltas 1 y 2
seis veces más.
Rep. estas 16 vueltas.

### Ochos grandes

- los ochos grandes aportan
una dinámica adicional
- punto escultural,
perfecto para prendas
del hogar, de vestir
o accesorios

### Trenza

- retorcer los puntos hacia
delante y detrás parece
más complejo de lo
que realmente es
- las trenzas
pueden ir por
todo el tejido

Para un panel de 12 puntos
en punto de media inverso

**Vuelta 1 (LD)** Punto del derecho.
**Vuelta 2** Punto del revés.
**Vueltas 3** Ptr8adel, pder4.
**Vuelta 4** Punto del revés.
**Vueltas 5-8** Rep. vueltas 1 y 2
dos veces más.
**Vuelta 9** Pder4, ptr8atr.
**Vuelta 10** Punto del revés.
**Vuelta 11-12** Rep. vueltas 1 y 2.
Rep. estas 12 vueltas.
La trenza se tuerce hacia la
derecha. Para trabajarla hacia
la izquierda, haga en la vuelta 5,
en lugar de ptr8atr, ptr8adel, en
el que la aguja auxiliar se sostiene
frente a la labor.

# diseños
# de rayas

*Para 39 vueltas
en punto de media*

A (gris) 4 vueltas
B (crudo) 1 vuelta
C (azul) 9 vueltas
B (crudo) 2 vueltas
D (beis) 2 vueltas
B (crudo) 1 vuelta
E (chocolate) 4 vueltas
B (crudo) 2 vueltas
A (gris) seis vueltas
B (crudo) 3 vueltas
D (beis) 5 vueltas

**Rayas
de 5 colores**

*- la tonalidad azul
combinada con los
terrosos marrones crea
un diseño cromático
popular y clásico*

*Para 39 vueltas en punto
de media*

A (beis) 6 vueltas
B y C (chocolate y azul)
1 vuelta
A (beis) 5 vueltas
C (azul) 1 vuelta
A (beis) 5 vueltas
B y C (chocolate y azul)
1 vuelta
A (beis) 5 vueltas
B y C (chocolate y azul)
1 vuelta
A (beis) 5 vueltas
B y C (chocolate y azul)
1 fila
A (beis) 5 vueltas
B y C (chocolate y azul)
1 fila
A (beis) 4 vueltas

**Rayas de 3 colores**

*- esta variación de raya «partida» resulta
vibrante en un sencillo diseño tricolor*

### Rayas de 5 colores

- *prefiero un número impar de rayas, especialmente para las de una sola vuelta*
- *las rayas de una sola vuelta suponen trabajo, pero son eficaces*

*Para 36 vueltas en punto de media*

A (gris) 5 vueltas
B (lima) 2 vueltas
C (crudo) 2 vueltas
B (lima) 2 vueltas
D (beis) 1 vuelta
E (chocolate) 1 vuelta
D (beis) 1 vuelta
E (chocolate) 1 vuelta
D (beis) 1 vuelta
E (chocolate) 1 vuelta
D (beis) 1 vuelta
E (chocolate) 1 vuelta
D (beis) 1 vuelta
E (chocolate) 1 vuelta
D (beis) 1 vuelta
E (chocolate) 1 vuelta
D (beis) 1 vuelta
E (chocolate) 1 vuelta
D (beis) 1 vuelta
E (chocolate) 1 vuelta
D (beis) 1 vuelta
B (lima) 2 vueltas
C (crudo) 2 vueltas
B (lima) 1 vuelta
A (gris) 3 vueltas

*Para 39 vueltas en punto de media*

A (beis) 8 vueltas
B (crudo) 3 vueltas
C (chocolate) 2 vueltas
B (crudo) 2 vueltas
D (lima) 8 vueltas
B (crudo) 1 vuelta
E (gris) 3 vueltas
B (crudo) 2 vueltas
C (chocolate) 3 vueltas
B (crudo) 1 vuelta
C (chocolate) 3 vueltas
B (crudo) 1 vuelta
A (gris) 2 vueltas
B (crudo) 1 vuelta
D (lima) 3 vueltas

### Rayas de colores

- *los tonos neutros funcionan bien con colores intensos y brillantes*
- *el lima es uno de mis tonos favoritos para los toques de color*

proyectos

# 1 Bufanda

Se trata de una bufanda sencilla, pero al mismo tiempo elegante, tejida con el punto más básico de todos: el punto bobo, lo que significa que es un proyecto perfecto para empezar. Confeccione esta bufanda con un lujoso hilo de alpaca real y obtendrá un excelente accesorio de un tejido refinado. También puede experimentar con otras fibras, como la seda teñida a mano, para crear un marcado efecto textural y una prenda más artesana.

## Nivel de destreza

**PRINCIPIANTE**

## En este proyecto aprenderá...

A calcular si queda suficiente hilo para completar una vuelta; a coser los hilos sueltos para conseguir un acabado pulcro

## Punto utilizado

Punto bobo

## Tamaño

Aproximadamente 14 cm de ancho por 96 cm de largo, en función de la tensión al tejer

## Materiales

2 madejas de 100 g de hilo fino de alpaca,
   como Blue Sky Alpacas Royal 【2】 FINO
o
2 madejas de 40 g de hilo fino de seda,
   como Alchemy Yarns Silken Straw 【2】 FINO
Agujas de punto de 3 mm de calibre
Una aguja de coser de punta roma

## Tensión

28 puntos y 54 vueltas en un cuadrado de 10 cm de punto bobo utilizando agujas de 3 mm

## Para hacer la bufanda

Monte 40 puntos y trabaje 96 cm de punto bobo en todas las vueltas.

Cierre los puntos sin apretar demasiado.

## Para acabar

Oculte los hilos sueltos con la aguja. *Véase* la sección Clase magistral de la derecha.

Estire la prenda acabada y plánchela suavemente.

## Clase magistral

### Calcular si queda bastante hilo para completar una vuelta

Es preferible no quedarse sin hilo en mitad de una vuelta. Si está casi al final de la madeja y no tiene claro si va a poder acabar la siguiente vuelta, coloque la labor sobre una superficie plana y doble el hilo que le queda sobre ella. Si el hilo mide por lo menos cuatro veces la anchura de la labor, tendrá suficiente para hacer una vuelta de punto básico, como el punto bobo o el punto de media. Las trenzas, el punto elástico y los puntos texturales precisan más hilo.

### Coser los hilos sueltos para lograr un acabado pulcro

Cuando sea posible, una el hilo del final de una madeja y el principio de otra al inicio o al final de una vuelta. Cuando finalice el proyecto, entreteja los hilos sueltos en el tejido o en las costuras. Como esta bufanda de punto bobo es reversible, no tiene «lado del revés» donde esconder los hilos sueltos, así que simplemente elija un lado para ocultarlos. Extienda el tejido, estírelo un poco para que las vueltas se separen ligeramente: verá vueltas de «uves» alternando con otras formadas por las protuberancias típicas del punto del revés. Enhebre el hilo suelto en una aguja grande de punta roma, cosa los hilos sueltos entretejiéndolos a lo largo de la vuelta de «uves» e imitando el recorrido que sigue el hilo en esa vuelta para camuflarlos entre el tejido.

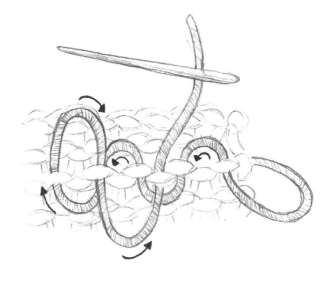

# 2 Paño de cocina

Se trata de un pequeño proyecto para practicar un punto básico de textura y al que puede luego darle uso como paño de cocina práctico, económico y respetuoso con el medio ambiente. El paño está tejido con algodón natural sin teñir. Se emplea tanto el punto del derecho como del revés de manera alternativa para crear un tejido texturado de doble cara con protuberancias. Las instrucciones que se proporcionan a continuación incluyen una técnica muy útil para trabajar el punto del derecho al final de cada vuelta y obtener un acabado pulcro.

## Nivel de destreza

■□□□
**PRINCIPIANTE**

## En este proyecto aprenderá...

A conseguir un orillo pulcro trabajando un punto del derecho al final de cada vuelta; a reutilizar hilo volviendo a devanarlo

## Punto utilizado

Punto de musgo; punto bobo

**Tamaño**
Aproximadamente 21 cm de anchura por 26 cm de altura

**Materiales**
1 madeja de 100 g de hilo ligero de algodón DK, como por ejemplo, Jarol King Dishcloth Cotton (3) LIGERO
Con 100 g de hilo se hacen dos paños
Agujas de punto de 4½ mm
Una aguja de coser grande con la punta roma

**Tensión**
19 puntos y 30 vueltas en un cuadrado de 10 cm de punto de musgo utilizando agujas de 4½ mm

## Para hacer el paño

Monte 39 puntos y trabaje 4 vueltas de punto bobo: punto del derecho en cada vuelta.
Cont. en punto de musgo de este modo:
**Siguiente vuelta** * Pder 1, prev1, rep. desde * hasta última vuelta, pder 1. Repita última vuelta hasta que la labor mida 24,5 cm desde el borde de la primera vuelta.
Trabaje 4 hileras con punto bobo. Cierre los puntos.

## Para acabar

Oculte los hilos sueltos con la aguja. *Véase* la sección Clase magistral de la página 67.

*Véase* la sección Clase magistral de la página 67.

## Clase magistral

**Utilizar un punto de textura alternativo**
He usado el punto de musgo para este paño porque su superficie llena de protuberancias es perfecta para la vajilla sucia. Cualquier punto que cree una superficie rugosa, como el punto bobo u otros, resultarían igualmente eficaces. *Véase* la sección Biblioteca de puntos, págs. 50-54.

**Reutilizar el hilo**
Quizá todavía conserve uno de sus jerséis favoritos —que se ha puesto tantas veces y al que tiene tanto cariño— simplemente porque le recuerda el tiempo que tardó en hacerlo o lo que costó el hilo. Siempre que no esté demasiado apelmazado, puede reciclarlo. Elimine cualquier suciedad que pueda tener —lo lavará posteriormente—, descosa las costuras, busque el remate y deshaga cada una de las piezas de la prenda. Puede que el hilo esté algo ondulado, pero persista. Elabore una madeja usando un devanador de lana o enrollando el hilo alrededor del respaldo de una silla. Ate la madeja en varios sitios para evitar que se enrede el hilo. Ahora lávelo. Una vez seco, estará estirado y listo para reutilizarlo.

# 3 Cojín con vuelta

Elegante cojín creado con una pieza larga
de punto que va doblada, con costura y
rellena con plumas. El borde abierto de la
funda se dobla entonces sobre la parte frontal
del cojín. Confecciónelo en distintos colores
y texturas. Aquí he combinado hilo de seda
pura con hilo de mezcla de moer; los dos,
en punto de media. También puede trabajar
las fundas con un punto distinto; experimente
con cualquiera de los puntos de textura
básica que hemos visto en la Biblioteca
de puntos de las páginas 50-51 y 54-57.

*Nivel de destreza*

**PRINCIPIANTE**

*En este proyecto aprenderá...*

A crear una costura pulcra con pespunte

*Punto utilizado*

Punto de media

**Tamaño**
Para un cojín cuadrado de 40 cm
**Tamaño de la prenda tejida:**
140 cm de largo por 40 cm de ancho

**Materiales**
4 ovillos de 50 g de hilo de seda DK ligero,
    como Rowan Pure Silk DK **3** LIGERO
*u*
8 ovillos de 25 g de hilo de moer DK ligero,
    como Rowan Kid Silk Aura **3** MEDIO
Agujas de tejer de 3½ y 4 mm
Aguja de coser grande con punta roma
Cojín de plumas de 40 × 40 cm

**Tensión**
22 puntos y 30 vueltas en un cuadrado de 10 cm
con punto de media, utilizando agujas de 4 mm

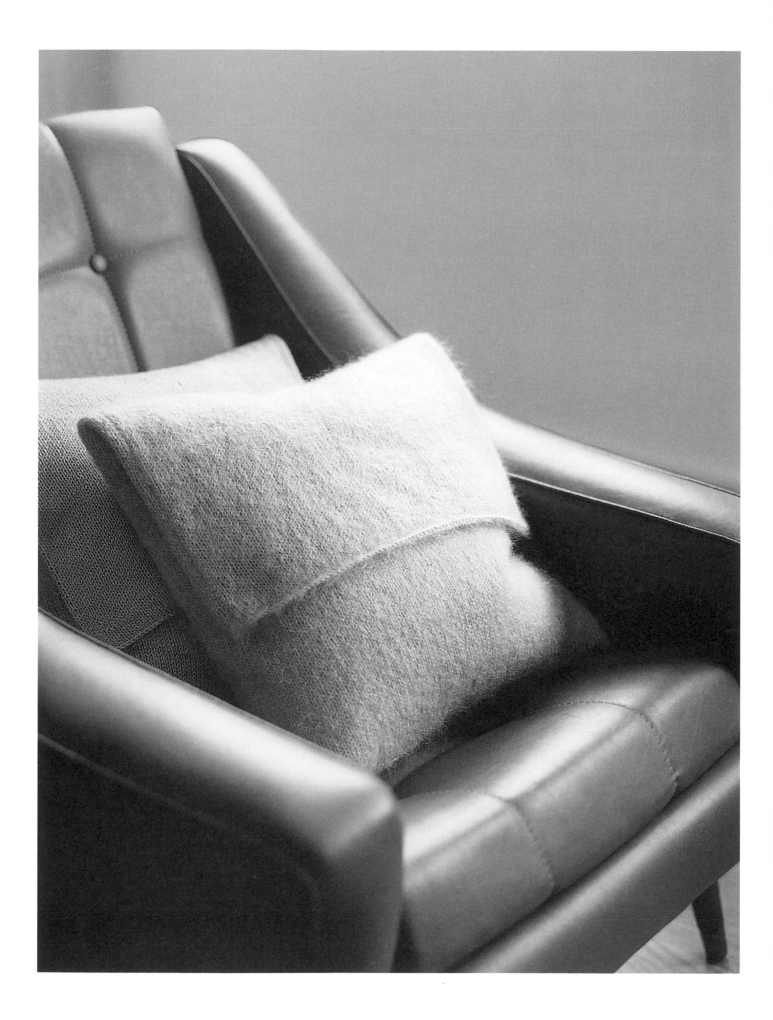

## Para hacer el cojín con vuelta

Con unas agujas de 3½ mm, monte 88 puntos
y comience con una vuelta de punto del derecho.
Haga 6 vueltas de punto de media, alternando
una vuelta de punto del derecho y otra del revés.
Cambie a las agujas de 4 mm y continúe con punto
de media hasta que la labor mida 138 cm desde
el borde de la primera vuelta hasta el lado
del derecho hacia arriba para la siguiente vuelta.
Cambie a las agujas de 3½ mm y haga 6 vueltas
de punto de media.
Cierre los puntos.

## Para acabar

Oculte los hilos sueltos con la aguja. *Véase* la sección
Clase magistral de la página 67.
Estire la prenda acabada y plánchela suavemente por el revés.
Con los lados del derecho juntos, doble la prenda por la mitad
en sentido transversal y cosa las costuras con pespunte.
*Véase* la sección Clase magistral de la derecha.
Dé la vuelta a la funda del cojín dejando el lado del derecho
hacia fuera.
Coloque el cojín dentro de la funda y doble hacia delante
el trozo de prenda que sobre para hacer una solapa.

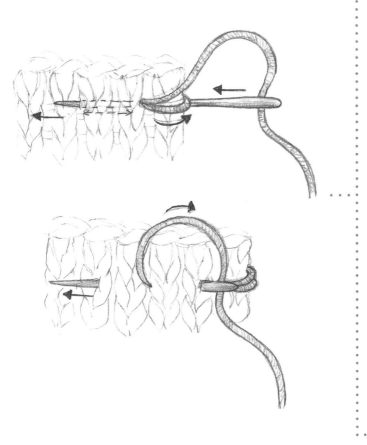

## Clase magistral

### Conseguir un borde pulcro

Obtener una tensión uniforme en la vuelta donde
se cierran los puntos puede ser complicado. Muchas
veces notará que la vuelta de remate le queda
ligeramente más tensa que el resto de la prenda.
Esto se puede solucionar con facilidad utilizando
agujas de un calibre superior a las que se indiquen
en el patrón, lo que hará que los puntos queden
más sueltos y proporcionará mayor elasticidad
al borde de la prenda.

Para este cojín, he montado los puntos y los
he cerrado con una aguja de calibre inferior
a fin de crear deliberadamente un borde más
firme. Además, como he rematado en una vuelta
de punto del derecho, el borde se ve claramente
por el derecho de la prenda y le confiere un
aspecto un poco ondulado. Si se rematara la
labor en una vuelta de punto del revés, el borde
no sería tan visible por el derecho.

### Coser las costuras con pespunte

El pespunte es el modo más sencillo y rápido
de unir dos piezas de punto. Como se trabaja
por el lado del revés, las costuras con pespunte
no son ideales cuando hay patrones o puntos
que forman ciertos diseños. Sin embargo, para
el sencillo punto de media, el pespunte crea una
costura fuerte que no resulta demasiado evidente.

Junte por el derecho las dos piezas que vaya
a unir. Antes de empezar a coser, coloque alfileres
de manera uniforme a lo largo de la costura.

Enhebre una aguja de punta roma con un trozo
de hilo. Comenzando por la derecha, introduzca
la aguja a través de las dos capas de punto de detrás
hacia delante a aproximadamente un punto del
borde. Después, o bien lleve atrás la aguja y métala
por las dos capas aproximadamente un punto
atrás de donde la sacó, o lleve la aguja alrededor
del extremo de la labor. Sáquela por delante
a más o menos un punto enfrente de donde empezó.
Tire del hilo para tensar la puntada.

Continúe a lo largo de la costura desplazando
la aguja hacia atrás y luego hacia delante a través
de las dos capas de punto hasta completar la costura.
Remate.

# Cuaderno

Esta sencilla funda para un cuaderno se ha confeccionado en punto de media para principiantes, con punto de media inverso que contrasta en el lomo y un orillo bien marcado. El cuaderno consta de una selección de papeles de gran textura hechos a mano y cosidos por el lomo para fijarlos. Como decoración adicional, el cuaderno puede rematarse con un hilo que contraste —cuero, cordel o algodón encerado— atado con un lazo o enrollado alrededor de un botón.

*Nivel de destreza*

■□□□

**PRINCIPIANTE**

*En este proyecto aprenderá...*

A adaptar un patrón para un hilo de peso distinto

*Punto utilizado*

Punto de media; punto de media inverso

**Tamaño**
Tamaño del cuaderno con la funda:
aproximadamente 14 cm de largo por 10,5 cm de ancho y 2 cm de grosor
Tamaño de la pieza de punto:
14 cm de largo por 23 cm de ancho

**Materiales**
1 madeja de 25 g de hilo de seda o algodón superfino, como Habu Cotton Gima o Alchemy Yarns Silken Straw
（**1**） SUPERFINO
Unas agujas de 3 mm
o
1 madeja de 25 g de hilo de seda fina, como Habu Silk Gima （**2**） FINO
Unas agujas de 3½ mm

Papel hecho a mano
Perforador
Aguja grande de coser con la punta roma
Tira de cuero, cordel o algodón encerado (opcional)
Botón (opcional)

**Tensión**
La tensión de la pieza tejida variará en función del hilo que elija. Para los hilos empleados aquí, las tensiones son las siguientes:
Hilo superfino: 36 puntos y 48 vueltas en un cuadrado de 10 cm con punto de media y agujas de 3 mm
Hilo fino: 26 puntos y 36 vueltas en un cuadrado de 10 cm con punto de media y agujas de 3½ mm

## Clase magistral

**Adaptar un patrón para un hilo de peso distinto**
Puede usar cualquier otro tipo de hilo para tejer
esta funda de cuaderno; sólo debe recordar que
hay que utilizar unas agujas del calibre apropiado
al tipo de hilo. Teja una muestra para calcular
la tensión y ajuste el número de puntos que vaya
a montar para hacer la labor del tamaño necesario.

Aquí es donde conviene usar una calculadora.
Por ejemplo, si ha usado un hilo de peso medio
con una tensión de 22 puntos en un cuadrado
de 10 cm, para averiguar cuántos puntos necesita
montar de modo que la pieza tenga una anchura
de 23 cm, divida 22 por 10 para hallar el número de
puntos por centímetro: 2,2. Ahora multiplique ese
número por 23 para obtener la cantidad de puntos
que necesitará montar para lograr la anchura deseada
de 23 cm: 50,6. Después, redondee el número
con decimales que ha obtenido al más cercano
entero, de modo que, en nuestro ejemplo, habría
que montar 51 puntos para confeccionar una
pieza que midiera aproximadamente 23 cm
de anchura.

### Para confeccionar una funda de cuaderno utilizando hilo superfino
Con unas agujas de 3 mm, monte 87 puntos y trabaje
como se indica a continuación:
**Vuelta 1 (LD)** Prev1, pder1, prev1, pder1, prev1, pder34,
prev9, pder34, prev1, pder1, prev1, pder1, prev1.
**Vuelta 2** Pder1, prev1, pder1, prev1, pder1, prev34, pder9,
prev34, pder1, prev1, pder1, prev1, pder1.
Rep. estas 2 vueltas hasta que la labor mida 14 cm y acabe
con el LD boca arriba para la siguiente vuelta.
Cierre los puntos.

### Para confeccionar una funda de cuaderno usando hilo fino
Con unas agujas de 3½ mm, monte 62 puntos y trabaje
como se indica a continuación:
**Vuelta 1 (LD)** Prev1, pder1, prev1, pder25, prev6, pder25,
prev1, pder1, prv1.
**Vuelta 2** Pder1, prev1, pder1, prev25, pder6, prev25, pder1,
prev1, pder1.
Rep. estas 2 vueltas hasta que la labor mida 14 cm y acabe
con el LD boca arriba para la siguiente vuelta.
Cierre los puntos.

### Para acabar
Oculte los hilos sueltos con la aguja. *Véase* la sección
Clase magistral de la página 67.
Estire la labor y plánchela suavemente.

## Para hacer las páginas del cuaderno

Corte el papel para crear las páginas del cuaderno.
También puede usar papel marrón o de embalar o cualquier
otro papel de poco peso doblado por la mitad para crear
las páginas del cuaderno.
Ponga juntos todos los papeles y, con un perforador, haga
3 orificios con un espaciado uniforme a lo largo del borde
del lomo.
Introduzca las hojas en la funda tejida, dejando visible
el borde doblado.

## Para coser las páginas del cuaderno

Usando o bien el mismo hilo que el forro o un hilo que
contraste, como por ejemplo, cordel, doble un trozo sobre
sí mismo. Enhebre este hilo doble en la aguja y hágale un nudo
en el extremo suelto. Pase la aguja por el centro del orificio
[1] y asegure el hilo pasando la aguja por dentro del bucle,
como se ve en el dibujo, y tirando del mismo para apretarlo.
A continuación, pase la aguja por el orificio siguiente [2],
de delante hacia atrás, y después por el lomo [3] y de nuevo
por la parte delantera del orificio [2].
Después, lleve el hilo a lo largo de la parte posterior
del cuaderno y rodeando el extremo del lomo [4] para
pasarlo por la parte anterior e introducirlo de nuevo
por el orificio [2] de delante hacia atrás.
Luego lleve el hilo por la parte posterior del lomo del cuaderno
e introduzca la aguja por el orificio [1] de detrás hacia
delante.
Repita estos pasos en el otro extremo del cuaderno.
Asegure el hilo haciendo un nudo.

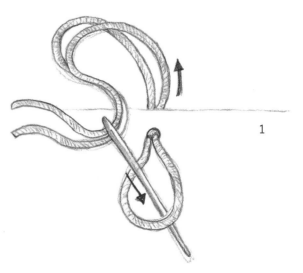

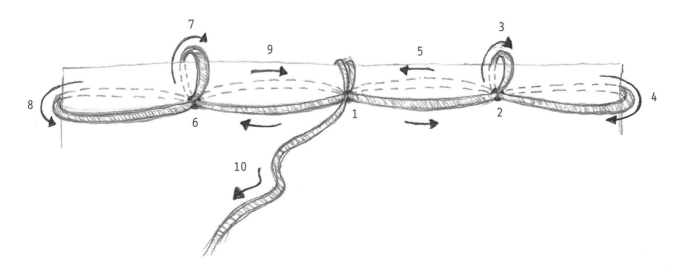

# Bolsa de la compra

Esta elegante bolsa tan sólo está confeccionada con una pieza tejida larga, trabajada con hilo grueso y un firme punto reversible. La pieza luego se dobla, se cose y se remata con unas robustas cinchas de algodón para las asas.

## Nivel de destreza

**FÁCIL**

## En este proyecto aprenderá...

A pasar la hebra por delante; punto sin hacer del revés y después llevarla atrás para crear el punto de tweed; coser una cinta y poner una cinta en una costura

## Punto utilizado

Punto de tweed

### Tamaño
Tamaño de la bolsa acabada:
aproximadamente 42 cm por 38 cm y 10 cm de grosor
Tamaño de la pieza tejida:
aproximadamente 104 cm de largo por 39,5 cm de ancho

### Materiales
9 ovillos de 50 g de hilo de lana supergrueso,
   como Debbie Bliss Como **6** SUPERBULKY
Agujas de tejer de 10 mm
Aguja de coser grande con la punta roma
Cinta de algodón de 3 m de largo por 3,8 cm de ancho
para las asas
Aguja de coser e hilo fuerte

### Tensión
10 puntos y 15 vueltas en un cuadrado de 10 cm con punto
de media y unas agujas de 10 mm

### Nota
La tensión se calcula con punto de media porque contar las
vueltas de punto de tweed es complicado. Si la tensión con
punto de media es correcta, servirá para el punto de tweed.

## Para hacer la bolsa
## en una sola pieza

Monte 53 puntos y trabaje en punto de tweed como se indica
a continuación:

**Vuelta 1 (LD)** Pder1, * hpdel, psinhacer1rev, hpdet, pder1;
rep. desde * hasta el final.

**Vuelta 2** Prev2, * hpdet, psinhacer1rev, hpdel, prev1;
rep. desde * hasta último punto, prev1.

Rep. estas 2 vueltas hasta que la labor mida 104 cm desde
el borde de la primera vuelta y acabe con el LD boca arriba
para la siguiente vuelta. Cierre los puntos apretando bien
con p. elástico 1 × 1 para hacer un borde firme.

## Para acabar

Oculte con la aguja los hilos sueltos. *Véase* la sección
Clase magistral de la página 67.

Estire la labor y plánchela suavemente por el revés.
Junte la prenda por los lados del derecho, dóblela por
la mitad en sentido transversal y cósala con pespunte.
*Véase* la sección Clase magistral de la página 73.

Doble el borde superior hacia dentro aproximadamente
unos 5 cm y cóselo.

Para dar forma al refuerzo de la base de la bolsa, con el lado
del revés hacia fuera, tome los extremos de las esquinas
cosidas y dóblelos hacia dentro para crear una forma de caja
(como si doblara los bordes de un paquete).

Cosa los extremos doblados hasta la base de la bolsa. Dele
la vuelta para que el lado del derecho quede hacia fuera
(con el punto más grande visible).

Corte la cinta de algodón por la mitad y añádala a la bolsa
del modo que se indica a continuación:

Tome una de las piezas y busque el centro (que será
el centro del asa).

Tome cada pieza de cinta y sujétela con alfileres a lo largo
de la bolsa, a aproximadamente 13 cm de distancia para
llevarla hasta la parte inferior del refuerzo de la base
y asegurándola allí.

Cosa la cinta usando hilo de coser fuerte.

Repita el mismo procedimiento con la otra asa. Asegure
la cinta en la base de la bolsa superponiendo un trozo
de cinta sobre el otro y doblando el borde hacia dentro.

## *Clase magistral*

### Añadir las asas de cinta de algodón

Aplicar cinta ancha de sarga a esta bolsa
le proporcionará unas asas fuertes; además,
esta cinta forma parte integrante del diseño
del accesorio. La cinta se añade fácilmente
sobrehilando —puntadas diagonales— a
intervalos regulares a lo largo de la cinta.

### Poner cinta en una costura

Se puede aplicar una cinta de sarga estrecha
o un ribete para costuras a lo largo de las costuras
de cualquier labor de punto para que no se den de sí.
Como la cinta fija la costura, esto es especialmente
adecuado para zonas como los hombros, que a veces
pueden perder su forma. Del mismo modo, poner
cinta en una costura también puede ayudar a reducir
un poco un hombro que sea demasiado ancho.

Corte un trozo de cinta de la longitud necesaria
para la anchura del hombro y cósala con sobrehilado
a lo largo de la costura del hombro, recogiendo,
si es necesario, el vuelo sobrante.

Este método para aplicar una cinta
también es muy útil para cubrir costuras poco
atractivas a lo largo de cuellos, donde una costura
voluminosa, además, puede rozar la piel (*véase*
el jersey de la página 135 y la chaqueta de la
página 138). Siempre aplico cinta a la costura
del cuello de las prendas para bebés para proteger
su piel, que es más delicada.

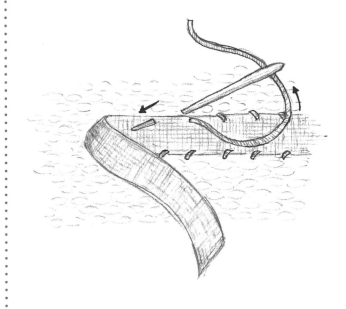

 **Cojín de rayas**

Se trata de una sencilla funda de cojín cuadrada con el perennemente popular punto de media. Se ha usado una gama de tonos terrosos complementarios, con un toque de lima, en un diseño con rayas de 5 colores. El cierre con botones de la parte posterior aporta un detalle decorativo y es perfecto para empezar a trabajar la confección de ojales.

*Nivel de destreza*

**FÁCIL**

*En este proyecto aprenderá…*

A hacer rayas; a confeccionar un ojal

*Punto utilizado*

Punto de media.

**Tamaño**
**Tamaño del cojín:**
cuadrado de aproximadamente 40 cm
**Tamaño de la pieza tejida:**
40 cm de ancho por 80 cm de largo

**Materiales**
Hilo de peso ligero DK, como el Rowan Lenpur Linen 3 LIGERO
    A  1 ovillo de 50 g de color gris oscuro
    B  2 ovillos de 50 g de color crudo
    C  1 ovillo de 50 g de color marrón oscuro
    D  1 ovillo de 50 g de color marrón
    E  1 ovillo de 50 g de color verde lima
Agujas de tejer de 3 y de 4 mm
Aguja de coser grande y punta roma
5 botones de 2 cm de diámetro
Cojín de plumas cuadrado de 40 cm de lado

**Tensión**
22 puntos y 30 vueltas en un cuadrado de 10 cm con punto de media y agujas de 4 mm

**Nota**
Cuando cambie de color, es más fácil ocultar los hilos sueltos a medida que va trabajando.
*Véase* la sección Clase magistral de la página 67.

## Para hacer el cojín de rayas

Con las agujas de 3 mm y el hilo C, monte 88 puntos
y haga 6 vueltas de p. elástico 1 × 1 del modo que se indica
a continuación:

**Vuelta 1 (LD)** * Pder1, prev1, rep. desde * hasta el final.
**Vuelta 2** * Pder1, prev1, rep. desde * hasta el final.
Cambie al hilo B y haga 7 vueltas de p. elástico 1 × 1
como antes.
Cambie a las agujas de 4 mm y al hilo A; comience con una
vuelta de p. der. y cont. con p. de media —alterne una vuelta
de p. der. y otra de p. rev.— utilizando la secuencia de rayas
dada hasta *.
*Nota: ya ha hecho las primeras 2 rayas y está empezando
la tercera.*
Cambie a las agujas de 3 mm y al hilo C; haga 5 vueltas
de p. elástico 1 × 1 como se ha indicado más arriba para
acabar con el LD boca arriba para la siguiente vuelta.
**Vuelta de los botones 1** Pelást6, cierre siguientes 3 p.,
[p. elástico hasta 15 p. en aguja MD, cierre siguientes
3 p.] rep. cuatro veces más, p. elástico hasta final.
**Vuelta de los botones 2** Cambie a hilo B, trabaje la vuelta
en p. elástico 1 × 1 como se indicado más arriba, pero monte
3 puntos sobre los que haya cerrado en la vuelta anterior.
*Véase·la sección Clase magistral de la página siguiente.
Con el hilo B, haga 5 vueltas más en p. elástico 1 × 1.
Remate en p. elástico.

## Para acabar

Oculte con la aguja los hilos sueltos. *Véase* la Clase magistral
de la página 67.
Estire la labor y plánchela suavemente del revés.
Doble la labor por las líneas marcadas (como se indica en
la sección Secuencias de rayas) asegurándose de que la tira
de ojales quede por encima de la tira donde irán los botones.
Cosa las costuras pasando la aguja por todas las capas.
Cosa los botones en la tira correspondiente y para
que coincidan con los ojales.
Introduzca el cojín.

**Secuencias de rayas**
C  6 vueltas
B  7 vueltas
A  13 vueltas
B  6 vueltas
D  6 vueltas
B  3 vueltas
E  6 vueltas
B  6 vueltas
A  6 vueltas
B  3 vueltas
C  9 vueltas
*Coloque un marcador en cada extremo de la última vuelta
para señalar la línea de pliegue*
A  4 vueltas
B  1 vuelta
C  9 vueltas
B  4 vueltas
D  4 vueltas
B  1 vuelta
E  16 vueltas
B  3 vueltas
C  6 vueltas
B  7 vueltas
A  13 vueltas
B  6 vueltas
D  6 vueltas
B  3 vueltas
E  6 vueltas
B  6 vueltas
A  6 vueltas
B  3 vueltas
C  9 vueltas
*Coloque un marcador en cada extremo de la última vuelta
para señalar la línea de pliegue*
A  4 vueltas
B  1 vuelta
C  9 vueltas
B  4 vueltas
D  4 vueltas
B  1 vuelta
E  16 vueltas
B  3 vueltas
*C  6 vueltas
B  7 vueltas

## Clase magistral

### Hacer un ojal

Existen varias maneras de hacer ojales en una prenda de punto: horizontales, verticales, de ojete, o de hebra, por nombrar unos cuantos. He utilizado sólo un método para todos los proyectos de este libro: el del ojal horizontal realizado en dos vueltas, pues es un buen método, apropiado tanto para prendas de vestir como del hogar.

Los ojales deben confeccionarse a una distancia uniforme para que la tira no se abra cuando esté abotonada. Algunos patrones indicarán algo muy genérico: «Haga seis ojales distribuidos de manera uniforme», pero puede ser difícil hacerlo correctamente si tiene que averiguar cuántas vueltas dejar entre cada ojal. Para esta funda de cojín, he evitado todo el trabajo de cálculo del espaciado de los ojales poniéndolos en horizontal a lo largo de dos vueltas.

Use unos botones del tamaño apropiado para los ojales; como el tejido de punto se da de sí, el botón debería quedar justo. Si tiene duda, teja una muestra con un ojal para determinar si es del tamaño correcto. Una regla de oro es que el ojal debe ser 2 puntos más pequeño que la anchura del botón.

Un ojal horizontal se hace cerrando puntos en una vuelta que después se compensa montando el mismo número de puntos en la siguiente. A menos que se especifique de otro modo en el patrón, la primera vuelta de puntos cerrados del ojal se hace por el lado del derecho de la labor. Esta técnica es muy versátil porque pueden cerrarse más o menos puntos para variar el tamaño del ojal.

En la primera vuelta, trabaje hasta la posición del ojal. Haga dos puntos y después levante el primero sobre el segundo para cerrarlo. Continúe cerrando el número necesario de puntos; para esta funda, son tres puntos por cada ojal, que se repiten a intervalos regulares a lo largo de la vuelta. Trabaje hasta el final de la vuelta. En la siguiente, trabaje hasta los puntos cerrados. Dé la vuelta a la labor y coloque el extremo de la aguja de la mano derecha entre el primer y el segundo punto de la aguja de la mano izquierda. Utilizando la técnica de la trenza para montar los puntos (*véanse* págs. 24-25), monte el mismo número de puntos que haya cerrado en la vuelta anterior. Dele la vuelta a la labor y complete la vuelta.

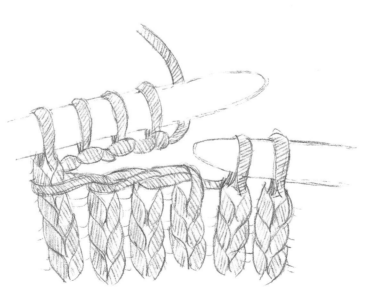

# 7 Plaid de rayas

Este sencillo plaid consta de cuatro fáciles secciones que después se unen. Se ha tejido con los tres puntos básicos: bobo, de media y de media inverso. El patrón no puede ser más simple. El plaid puede tejerse en colores lisos, pero para aportarle más interés, he introducido unas secuencias de rayas elementales de diversa complejidad.

## Nivel de destreza

**FÁCIL**

## En este proyecto aprenderá...

A realizar una secuencia de rayas sencilla siguiendo un gráfico cromático

## Punto utilizado

Bobo, de media y de media inverso

## Tamaño
**Tamaño del plaid de rayas:**
cuadrado de aproximadamente 150 cm
**Tamaño de la pieza tejida:**
cuadrado de aproximadamente 75 cm

## Materiales
Hilo de lana de peso ligero DK, como el Rowan Classic Baby
  Alpaca DK **3** LIGERO
  A  11 ovillos de 50 g de color gris claro
  B  9 ovillos de 50 g de color gris oscuro
  C  8 ovillos de 50 g de color marrón
Agujas de tejer de 4 mm
Aguja de coser grande con la punta roma

## Tensión
22 puntos y 30 vueltas en un cuadrado de 10 cm con punto de media y agujas de 4 mm

## Nota
Cuando cambie de color, es más fácil ocultar los hilos a medida que trabaja. *Véase* la sección Clase magistral de la página 67.

## Para hacer el cobertor de rayas
### Primer cuadrado
*tres rayas anchas con los hilos A, B y C*
Con el hilo A, monte 165 puntos y trabaje 5 cm en punto bobo —punto del derecho en todas las vueltas— para acabar con el lado del derecho boca arriba para la siguiente vuelta. *Habrá hecho aprox. 20 vueltas.*
Cont. con punto de media —una vuelta del derecho y otra del revés—, con un borde de punto bobo como sigue:
**Vuelta 1 (LD)** Punto del derecho.
**Vuelta 2** Punto del revés hasta los últimos 12 puntos, pder12.
Rep. últimas 2 vueltas utilizando el hilo A hasta que la labor mida 25 cm desde el borde de la primera vuelta para acabar con el LD boca arriba para la siguiente vuelta. *Habrá hecho aprox. 60 vueltas de punto de media con el hilo A.*
Cambie al hilo B y repita las vueltas 1 y 2 hasta que la labor mida 50 cm desde el borde de la primera vuelta para acabar con el LD boca arriba para la siguiente vuelta. *Habrá hecho aprox. 74 vueltas de punto de media con el hilo B.*
Cambie al hilo C y repita las vueltas 1 y 2 hasta que la labor mida 75 cm desde el borde de la primera vuelta para acabar con el LD boca arriba para la siguiente vuelta. *Habrá hecho aprox. 74 vueltas de punto de media con el hilo B.* Cierre los puntos.
### Segundo cuadrado
*Secuencia de rayas de 90 vueltas con los hilos A, B y C*
C  10 vueltas
B  2 vueltas
C  2 vueltas
B  2 vueltas
C  2 vueltas
B  2 vueltas
C  10 vueltas
B  10 vueltas
A  2 vueltas
B  2 vueltas

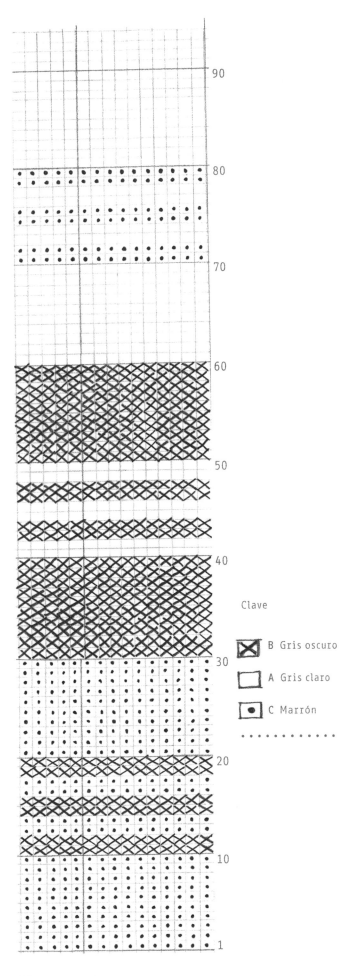

A  2 vueltas
B  2 vueltas
A  2 vueltas
B  10 vueltas
A  10 vueltas
C  2 vueltas
A  2 vueltas
C  2 vueltas
A  2 vueltas
C  2 vueltas
A  10 vueltas

Con el hilo B, monte 165 puntos y trabaje 5 cm en punto bobo para acabar con el LD boca arriba para la siguiente vuelta.
*Habrá hecho aprox. 20 vueltas.*
Cont. en punto de media con borde en punto bobo, cambiando de color según se indica en la secuencia de rayas anteriormente indicada o tal y como se muestra en el gráfico de la izquierda, y del modo que se especifica a continuación:
**Vuelta 1 (LD)** Punto del derecho.
**Vuelta 2** Punto del revés hasta los últimos 12 puntos, pder12.
Rep. últimas 2 vueltas manteniendo la secuencia cromática hasta que la labor mida 75 cm desde el borde de la primera vuelta para acabar con el LD boca arriba para la siguiente vuelta.
Cierre los puntos.

Clave

B Gris oscuro

A Gris claro

C Marrón

## Clase magistral

### Cómo leer un gráfico cromático

Las instrucciones para los diseños de colores pueden o bien escribirse como explicaciones completas en el patrón, o mostrarse en un gráfico en papel milimetrado. Los distintos tonos de hilo que componen el diseño cromático se pueden representar o bien con un color (*véase* pág. 46) o bien, como en el ejemplo de la izquierda, con un símbolo.

En los dos tipos de gráfico cromático, cada cuadrado representa un punto, y cada línea de cuadrados, una vuelta. Las vueltas del derecho (o líneas impares del gráfico) se leen de derecha a izquierda, mientras que las vueltas del revés (o líneas pares del gráfico), de izquierda a derecha. El gráfico se lee de abajo arriba.

### Tercer cuadrado
*Secuencia de rayas de 16 vueltas con los hilos A, B y C*
**Repetición de rayas del siguiente modo:**
C 3 vueltas
B 1 vuelta
C 3 vueltas
A 9 vueltas

Con el hilo C, monte 165 puntos y trabaje 5 cm en punto bobo para acabar con el LD boca arriba para la siguiente vuelta. *Habrá hecho aprox. 20 vueltas.*
Cont. en punto de media con borde en punto bobo, cambiando de color según se indica en la secuencia de rayas que ya se ha mencionado y del modo que se especifica a continuación:
**Vuelta 1 (LD)** Punto del derecho.
**Vuelta 2** Punto del revés hasta los últimos 12 puntos, pder12.
Rep. últimas 2 vueltas manteniendo la secuencia cromática hasta que la labor mida 75 cm desde el borde de la primera vuelta, para acabar con el LD boca arriba para la siguiente vuelta. Cierre los puntos.

### Cuarto cuadrado
*Secuencia de rayas de 4 vueltas con los hilos A y B*
**Repetición de rayas del siguiente modo:**
A 2 vueltas
B 2 vueltas

Con el hilo A, monte 165 puntos y trabaje 5 cm en punto bobo cambiando de color como se indica en la secuencia de rayas que ya se ha mencionado y acabar con el LD boca arriba para la siguiente vuelta.
*Habrá hecho aprox. 20 vueltas.*
Cont. en punto de media con borde en punto bobo, cambiando de color según se indica en la secuencia cromática y del modo que se especifica a continuación:
**Vuelta 1 (LD)** Punto del derecho.
**Vuelta 2** Punto del revés hasta los últimos 12 puntos, pder12.
Rep. últimas 2 vueltas manteniendo la secuencia cromática hasta que la labor mida 39 cm desde el borde de la primera vuelta, para acabar con el LD boca arriba para la siguiente vuelta.
Manteniendo la secuencia cromática, cont. en punto de media inverso como se indica a continuación:
**Vuelta 1 (LD)** Pder 12, punto del revés hasta el final.
**Vuelta 2** Punto del derecho.
Rep. últimas 2 vueltas manteniendo la secuencia cromática hasta que la labor mida 75 cm desde el borde de la primera vuelta para acabar con el LD boca arriba para la siguiente vuelta. Cierre los puntos.

### Para acabar
Oculte con la aguja los hilos sueltos. *Véase* la sección Clase magistral de la página 67.
Estire la labor y plánchela suavemente del revés.
Cosa el borde rematado del primer cuadrado con el orillo izquierdo del cuarto cuadrado.
Cosa el borde rematado del tercer cuadrado con el orillo izquierdo del segundo cuadrado.
Una estas dos tiras juntas por el centro, tal y como se muestra en el gráfico inferior. *Las flechas indican la dirección del tejido, con el borde de la primera vuelta en la base y el borde rematado en el extremo de la flecha.*

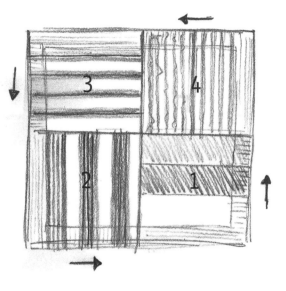

# 8 Gorros

Dos gorros esenciales para el invierno: un *beanie* de punto de media con el borde enrollado, y un *New Yorker* básico con punto elástico 1 × 1. Los dos están confeccionados con espléndidos hilos de alpaca para conseguir la máxima suavidad, comodidad y abrigo. Resultan fáciles de hacer al necesitar muy poca disminución de puntos, y constituyen una excelente introducción a técnicas fáciles para dar forma a las prendas.

## Nivel de destreza

**FÁCIL**

## En este proyecto aprenderá...

A dar forma a una prenda fácilmente utilizando la disminución de puntos

## Punto utilizado

Punto de media; punto elástico 1 × 1

## Tamaño
Tamaño adecuado para un adulto

## Para el gorro de punto de media
**Materiales**
2 madejas de 100 g de hilo de peso medio DK, como el Blue Sky Alpacas Royal (4) MEDIO
Agujas de tejer de 5½ mm
Aguja de coser grande con punta roma

**Tensión**
16 puntos y 22 vueltas en un cuadrado de 10 cm utilizando punto de media y agujas de 5½ mm

## Para el gorro de punto elástico
**Materiales**
1 madeja de 100 g de hilo de peso ligero DK, como el Blue Sky Alpacas Worsted Hand Dyes (3) FINO
Agujas de tejer de 4 mm
Aguja de coser grande con punta roma

**Tensión**
22 puntos y 30 vueltas en un cuadrado de 10 cm utilizando punto de media y agujas de 4 mm

## Para tejer el gorro de punto de media

Monte 78 puntos. Comience con una vuelta de punto del derecho y haga 38 vueltas de punto de media —alternando una vuelta de punto del derecho con otra del revés— para acabar con el LD boca arriba para la siguiente vuelta.

**Forma de la coronilla**

**Vuelta 1 (LD)** Pder8, [tej2pder juntos pdetr, pder1, tej2pder juntos, pder14] 3 veces, tej2pder juntos pdetr, pder1, tej2pder juntos, pder8.
*70 puntos.*

**Vuelta 2 y todas las vueltas del LR** Punto del revés.

**Vuelta 3** Pder7, [tej2pder juntos pdetr, pder1, tej2pder juntos, pder12] 3 veces, tej2pder juntos pdetr, pder1, tej2pder juntos, pder7.
*62 puntos.*

**Vuelta 5** Pder6, [tej2pder juntos pdetr, pder1, tej2pder juntos, pder10] 3 veces, tej2pder juntos pdetr, pder1, tej2pder juntos, pder6.
*54 puntos.*

**Vuelta 7** Pder5, [tej2pder juntos pdetr, pder1, tej2pder juntos, pder8] 3 veces, tej2pder juntos pdetr, pder1, tej2pder juntos, pder5.
*46 puntos.*

**Vuelta 9** Pder4, [tej2pder juntos pdetr, pder1, tej2pder juntos, pder6] 3 veces, tej2pder juntos pdetr, pder1, tej2pder juntos, pder4.
*38 puntos.*

**Vuelta 11** Pder3, [tej2pder juntos pdetr, pder1, tej2pder juntos, pder4] 3 veces, tej2pder juntos pdetr, pder1, tej2pder juntos, pder3.
*30 puntos.*

**Vuelta 13** Pder2, [tej2pder juntos pdetr, pder1, tej2pder juntos, pder2] 3 veces, tej2pder juntos pdetr, pder1, tej2pder juntos, pder2.
*22 puntos.*

**Vuelta 15** Pder1, [tej2pder juntos pdetr, pder1, tej2pder juntos] 4 veces, pder1.
*14 puntos.*

Corte la hebra de trabajo con holgura, enhebre esta parte en una aguja para ocultarla entre el tejido y remate bien.

## Para tejer el gorro de punto elástico

Monte 112 puntos y trabaje con punto elástico 2 × 2 hasta que la labor mida 25 cm desde el borde de la primera vuelta.

**Forma de la coronilla**

**Vuelta 1 (LD)** [Tej2pder juntos pdetr, tej2prev juntos] hasta el final.
*56 puntos.*

Haga 5 vueltas con punto elástico 1 × 1.

**Siguiente vuelta** [Tej2pder juntos pdetr] hasta el final.
*28 puntos.*

Haga 1 vuelta de punto del revés

**Siguiente vuelta** [Tej2pder juntos pdetr] hasta el final.
*14 puntos.*

Corte la hebra de trabajo con holgura, enhebre esta parte en una aguja para ocultarla entre el tejido y remate bien.

## Para acabar

Oculte los hilos sueltos con la aguja. *Véase* la sección Clase magistral de la página 67.

Estire la labor y plánchela suavemente del revés, con cuidado de no dar de sí el punto elástico.

Haga la costura trasera con puntada invisible.
*Véase* la sección Clase magistral de la página 40.

*Clase magistral*

### Dar forma de manera fácil

Para dar forma a la coronilla de estos gorros se ha utilizado el método de la disminución de puntos más sencillo: tejer dos puntos juntos, de modo que donde antes tenía dos puntos en la aguja, ahora sólo tenga uno.

Para facilitar las cosas, cuando diseño, siempre me aseguro de que la disminución de puntos se haga en una vuelta del derecho de la labor. Y, preferiblemente, en una en la que se esté utilizando punto del derecho, pues a la mayoría de la gente le resulta más fácil tejer dos puntos juntos con punto del derecho que con punto del revés, especialmente cuando hay que hacerlo por detrás del bucle. (*Véanse* págs. 30-31).

Ir por delante o por detrás de un bucle determina la dirección hacia la que se inclinará el punto resultante. Me gusta incorporar estos detalles en mis diseños haciendo de ellos una característica destacada. Volveremos a esta técnica más adelante, en los proyectos del jersey y la chaqueta de punto de las páginas 134-141.

# 9 Bolso de tiras

Es un práctico bolso confeccionado con tiras de tela de camisa que se pueden conseguir de los restos que tenga una tienda de ropa, o de camisas de tiendas de segunda mano o benéficas. Las camisas se cortan en tiras, que se atan, y después se tejen con punto de media para crear una bolsa circular con las asas incorporadas. Además de experimentar con un material poco habitual para tejer, con este proyecto también aprenderá a dominar la técnica básica del aumento de puntos. Para conseguir un acabado más pulcro, en mis diseños siempre trabajo el aumento y la disminución de puntos en el lado del derecho de la labor.

## Nivel de destreza

**FÁCIL**

## En este proyecto aprenderá...

A crear y tejer con un material inusual; amentar un punto con punto del derecho

## Punto utilizado

Punto de media

## Tamaño
**Tamaño del bolso:**
aproximadamente 35 cm de largo (incluidas las asas) por 32 cm de diámetro
**Tamaño de la pieza tejida:** aproximadamente 46 cm de largo (excepto las asas) por 85 cm de ancho

## Materiales
50 tiras de 1,5 m de largo y 2,5 cm de ancho de tela de algodón ligera **(6)** SUPERBULKY
Agujas de tejer de 10 mm
Aguja de coser grande de punta roma

## Clase magistral

### Crear material usando tela
Se puede tejer con cualquier material en forma de hilo continuo, lo que incluye las tiras de tela de camisa que se han empleado aquí. En el pasado, he utilizado muchos materiales distintos, incluso tiras de bolsas de plástico de la compra.

Comenzando por una esquina de la tela, corte en sentido longitudinal a 2,5 cm del borde y deténgase cuando llegue a 2,5 cm del final de la tela. Después, haga otro corte en el sentido contrario a 2,5 cm del corte anterior, y de nuevo deténgase antes de llegar al final. Continúe haciendo cortes de este modo por toda la superficie de la tela. Así obtendrá una especie de tira espiral continua de 2,5 cm de ancho. Ate todos los trozos de tela juntos y devánelos formando una madeja. Ya tiene el material para empezar a tejer.

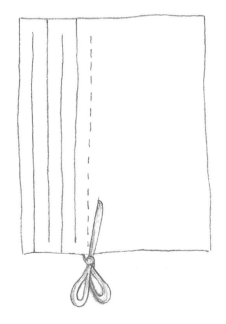

## Clase magistral

**Aumentar un punto con punto del derecho**

Existen varios modos distintos de aumentar un punto. Aquí se explica el que se hace tejiendo tanto por delante como por detrás de un punto.

Trabaje hasta el lugar donde va a ir el aumento. Introduzca la aguja de la mano derecha como para hacer punto del derecho en el punto que va a aumentarse. Enrolle la hebra alrededor de la aguja en el sentido contrario a las agujas del reloj y pásela a través del bucle del punto como para tejer de la manera habitual, pero deje el punto en la aguja de la mano izquierda.

Introduzca la aguja de la mano derecha en el mismo punto, pero por la parte posterior. Enrolle la hebra alrededor de la aguja en el sentido contrario a las agujas del reloj y pásela por el bucle del punto. Deslice el punto a la aguja de la mano derecha. Ahora tendrá dos puntos en lugar de uno.

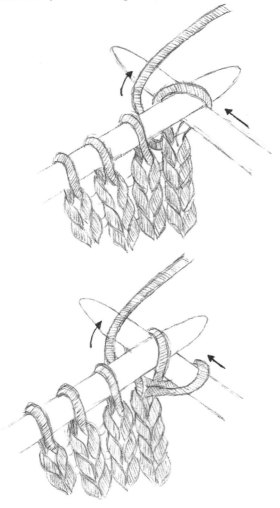

9 puntos y 12 vueltas en un cuadrado de 10 cm con punto de media y agujas de 10 mm

## Para hacer el bolso

Monte 5 puntos.

**Vuelta 1 (LD)** [aum. en siguiente punto] 4 veces, pder1.
*9 puntos.*

**Vueltas 2, 4, 6, 8, 10, 12, 14 y 16** Punto del revés.

**Vuelta 3** [aum. en siguiente punto] 8 veces, pder1.
*17 puntos.*

**Vuelta 5** [pder1, aum. en siguiente punto] 8 veces, pder1.
*25 puntos.*

**Vuelta 7** [pder2, aum. en siguiente punto] 8 veces, pder1.
*33 puntos.*

**Vuelta 9** [pder3, aum. en siguiente punto] 8 veces, pder1.
*41 puntos.*

**Vuelta 11** [pder4, aum. en siguiente punto] 8 veces, pder1.
*49 puntos.*

**Vuelta 13** [pder5, aum. en siguiente punto] 8 veces, pder1.
*57 puntos.*

**Vuelta 15** [pder6, aum. en siguiente punto] 8 veces, pder1.
*65 puntos.*

**Vuelta 17** [pder7, aum. en siguiente punto] 8 veces, pder1.
*73 puntos.*

**Vuelta 18 (LR)** Punto del derecho.
*Esta vuelta hace una protuberancia.*

Com. con una vuelta de punto del derecho, cont. con punto de media —alternando una vuelta de punto del derecho con otra de punto del revés— hasta que la labor mida 35 cm desde la vuelta protuberante y acabar con el LD boca arriba para la siguiente vuelta.

Trabaje las asas del siguiente modo:

**Siguiente vuelta** Pder12, cierre los siguientes 14 puntos, haga los siguientes 21 puntos con punto del derecho, cierre los siguientes 14 puntos, haga punto del derecho hasta el final.

**Siguiente vuelta** Prev12, monte 28 puntos, haga los siguientes 21 puntos con punto del revés, monte 28 puntos, haga punto del revés hasta el final.
*101 puntos.*

**Siguiente vuelta** Punto del derecho.

**Siguiente vuelta** Punto del revés.

Cierre los puntos.

## Para acabar

Oculte con la aguja los hilos sueltos. *Véase* la sección Clase magistral de la página 67.

Estire la labor y plánchela suavemente por el revés.

Cosa la costura trasera con puntada invisible.

*Véase* la sección Clase magistral de la página 40.

# 10 Mitones

Prácticos mitones confeccionados en punto elástico 2 × 1 y punto de media con un dedo pulgar entallado y un borde cerrado sencillo. Están hechos con lana natural de ovejas seleccionadas y presentan un generoso puño de punto elástico que puede o bien doblarse para que sólo cubra la muñeca o extenderse para cubrir la distancia entre el puño del abrigo y el mitón.

## Nivel de destreza

**FÁCIL**

## En este proyecto aprenderá...

A aumentar dos puntos con punto del derecho; a recoger puntos

## Punto utilizado

Punto elástico 2 × 2; punto de media

## Tamaño
Talla única, suficiente para una mujer adulta

## Materiales
2 ovillos de 50 g de lana de peso ligero DK, como la Rowan British Sheeps Breed DK **(3)** LIGERO
Agujas de 4 y de 4¹⁄₂ mm
Aguja de coser grande con la punta roma

## Tensión
22 puntos y 30 vueltas en un cuadrado de 10 cm con punto de media y agujas de 4 mm

## Para tejer los mitones
### Mitón derecho
Con unas agujas de 4¹⁄₂ mm, monte 44 puntos y trabaje con punto elástico del modo que se indica a continuación:
**Vuelta 1 (LD)** * Pder2, prev1, rep. desde * hasta los últimos 2 puntos, pder2.
**Vuelta 2** Prev2, * pder1, prev2, rep. desde * hasta el final.
Rep. últimas 2 vueltas hasta que la labor mida 13 cm desde el borde de la primera vuelta y acabe con el LD hacia arriba para la siguiente vuelta.
Cambie a las agujas de 4 mm y cont. en punto elástico como se ha indicado, hasta que la labor mida 24 cm desde el borde de la primera vuelta y acabe con el LD hacia arriba para la siguiente vuelta.
Cont. en p. de media —alternando una vuelta de punto del derecho con una vuelta de punto del revés— como se indica a continuación:

### Dar forma al pulgar
**Vuelta 1 (aum.)** Pder22, aumento con p. der en el siguiente punto, pder1, aumento con p. der. en el siguiente punto, pder19.
*46 puntos.*
**Vuelta 2** Punto del revés.
**Vuelta 3** Punto del derecho.
**Vuelta 4** Punto del revés.
**Vuelta 5 (aum.)** Pder22, aumento con p. der. en el siguiente punto, pder3, aumento con p. der. en el siguiente punto, pder19.
*48 puntos.*
Cont. aumentando 1 punto en cada lado del pulgar cada 4 vueltas hasta que haya 56 puntos.
Trabaje 1 vuelta seguida.
**Vuelta siguiente** Pder37, dé la vuelta.
**Vuelta siguiente** Aumente dos veces con p. der. en el siguiente punto, prev15, dé la vuelta.
**Siguiente vuelta** Aumente dos veces con p. der. en el siguiente punto, pder hasta el final de la vuelta.
*18 puntos.*
** Com. con una vuelta de punto del revés, haga 7 vueltas en punto de media.
Cierre los puntos.
Corte la hebra de trabajo dejando un buen trozo suelto.
*Lo usará para coser la costura del pulgar.*

Con la aguja de la mano derecha, recoja y teja con punto del derecho 4 puntos en la base del pulgar, teja con punto del derecho hasta el final de la vuelta.
*46 puntos.*
Comenzando con una vuelta de punto del revés, haga 17 vueltas de punto de media para acabar con el LD boca arriba para la siguiente vuelta.
Cierre los puntos. **

### Mitón izquierdo
Trabaje para hacer el mitón izquierdo del mismo modo que el derecho, e invierta la posición del pulgar del modo que se indica a continuación:
**Dar forma al pulgar**
**Vuelta 1** (aum.) Pder19, aumento con p. der. en el siguiente punto, pder1, aumento con p. der. en el siguiente punto, pder22.
*46 puntos.*
**Vuelta 2** Punto del revés.
**Vuelta 3** Punto del derecho.
**Vuelta 4** Punto del revés.
**Vuelta 5** (aum.) Pder19, aumento con p. der. en el siguiente punto, pder3, aumento con p. der. en el siguiente punto, pder22.
Cont. aumentando 1 punto en cada lado del pulgar cada 4 vueltas hasta que haya 56 puntos.
Trabaje 1 vuelta seguida.
**Vuelta siguiente** Pder34, dé la vuelta.
**Vuelta siguiente** Aumente dos veces con p. der. en el siguiente punto, prev15, dé la vuelta.
**Siguiente vuelta** Aumente dos veces con p. der. en el siguiente punto, pder hasta el final de la vuelta.
*18 puntos.*
Complete como se indica en la explicación del mitón derecho desde ** hasta **.

### Para acabar
Oculte con la aguja los hilos sueltos. *Véase* la sección Clase magistral de la página 67.
Estire la labor y plánchela suavemente del revés con cuidado de no aplastar el punto elástico.
Cosa la costura lateral con puntada invisible.
*Véase* la sección Clase magistral de la página 38.

## Clase magistral

### Aumentar dos puntos con punto del derecho
En ocasiones, en una vuelta necesitará aumentar más de un punto a la vez, como al tejer el pulgar de estos mitones. Aumentar dos puntos con punto del derecho se hace poniendo en práctica el mismo principio que al aumentar sólo un punto, pero, obviamente, acabará teniendo más puntos.

Trabaje hasta el lugar donde necesita hacer el aumento, introduzca la aguja de la mano derecha como para tejer con punto del derecho, por delante del punto que va a aumentar. Enrolle la hebra alrededor de la aguja en el sentido contrario a las agujas del reloj y hágala pasar por el bucle del punto como cuando teje del modo habitual, pero dejando el punto en la aguja de la mano izquierda.

Introduzca la aguja de la mano derecha por la parte de detrás del mismo punto. Enrolle la hebra alrededor de la aguja en el sentido contrario a las agujas del reloj y pásela por el bucle del punto.

Teja de nuevo por delante del mismo punto, como antes. Después, deslice el punto a la aguja de la mano derecha. Ahora tendrá tres puntos en esta aguja.

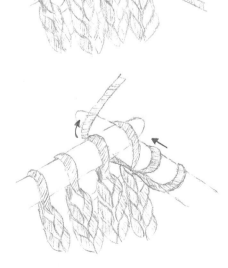

# 11 Cojín redondo

Este cojín de aspecto sencillo no lo es tanto. Está confeccionado con un clásico: hilo de lino, y rematado con un botón de asta natural. Se ha utilizado una técnica de aumento de vueltas cortas. Antes de completar una vuelta, se envuelve el último punto y se continúa en la dirección opuesta, de ahí el término vuelta corta. Algunos diseñadores ocultan el punto de giro; sin embargo, a mí me gusta el efecto que produce y prefiero incorporarlo en el diseño.

*Nivel de destreza*

**INTERMEDIO**

*En este proyecto aprenderá...*

El aumento con vueltas cortas

*Punto utilizado*

Punto de media

**Tamaño**
**Tamaño del cojín:**
aproximadamente 38 cm de diámetro por 8 cm de grosor
**Tamaño de la pieza tejida:** 44 cm de diámetro

**Materiales**
3 ovillos de 50 g de hilo de lino de peso ligero DK, como el Rowan Lenpur Linen **(3)** LIGERO
Agujas de 4 mm
Cojín de plumas redondo de 40 cm de diámetro
Aguja grande de coser con la punta roma
2 botones de cuatro orificios y 2,5 cm de diámetro

**Tensión**
22 puntos y 30 vueltas en un cuadrado de 10 cm con punto de media y agujas de 4 mm

## Para hacer el cojín
**Haga dos piezas iguales**
Monte 44 puntos.
Trabaje en punto de media —alternando una vuelta de punto del derecho con otra de punto del revés— y haga vueltas cortas del modo que se indica a continuación:
**Vuelta 1** Punto del derecho hasta el final.
**Vuelta 2** Punto del revés hasta el final.
**Vuelta 3** 42 puntos del derecho, envuelva el último punto, dé la vuelta.
*Véase* la sección Clase magistral sobre aumento con vueltas cortas de la página siguiente.
**Vuelta 4** Punto del revés hasta el final.
**Vuelta 5** 40 puntos del derecho, envuelva el último punto, dé la vuelta.
**Vuelta 6** Punto del revés hasta el final.
Cont. haciendo vueltas cortas como se ha indicado, dejando 2 puntos más sin trabajar en cada vuelta de punto del derecho hasta que ya no queden más puntos que tejer.
*Así se completa el primer segmento del círculo.*
Com. de nuevo con la vuelta 1 y cont. hasta hacer 8 segmentos, que formarán un círculo completo.
No cierre los puntos, pero una el último segmento con el primero remallando los puntos de la aguja con los puntos correspondientes del borde de la primera vuelta. *Véase* pág. 41.

## Para acabar
Oculte los hilos sueltos con la aguja de coser. *Véase* la sección Clase magistral de la página 67.
Estire la labor y plánchela suavemente del revés.
Una las dos piezas por sus bordes curvos con pespunte, dejando una abertura para meter el cojín.
Introduzca el cojín y cosa la abertura hasta cerrarla.
Tome un hilo y una con cuidado el pequeño orificio del centro. Cosa allí un botón, tanto por delante como por detrás del cojín. Asegúrelo bien.

# Clase magistral

## Dar forma con vueltas cortas

Las vueltas cortas son vueltas parciales que crean
una curva u otra forma. El resultado es que un lado
o una sección de la prenda tiene más vueltas que
el otro, pero disminuyen los puntos. Las vueltas cortas
pueden hacerse en uno o en los dos lados de la prenda
al mismo tiempo. Con las vueltas cortas, la forma
queda más suave: no tiene los bordes dentados que
se crean cuando se cierran puntos, como en un hombro
o en los cuellos.

Cuando en las instrucciones de un patrón se diga
«dé la vuelta», significa que los puntos restantes
de una vuelta no se trabajan. Para evitar crear
un agujero cuando se da la vuelta, hay que envolver
el punto del modo que se indica a continuación:

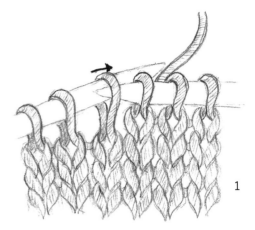

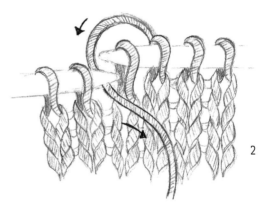

## Envolver un punto

**1** Trabaje hasta el «punto de giro». Con la hebra
en la parte inferior de la labor, deslice el punto,
tomándolo por detrás como cuando se hace punto
del revés, hacia la aguja de la mano derecha.
**2** Lleve la hebra hacia delante entre las dos agujas
y pásela a la parte delantera de la labor.
**3** Deslice el mismo punto de nuevo a la aguja de
la mano izquierda y vuelva a poner la hebra entre las
dos agujas. Dele la vuelta a la labor. Ahora ha envuelto
un punto y ya puede continuar con la siguiente vuelta.

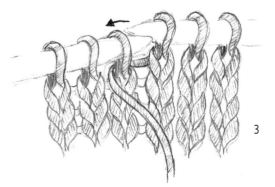

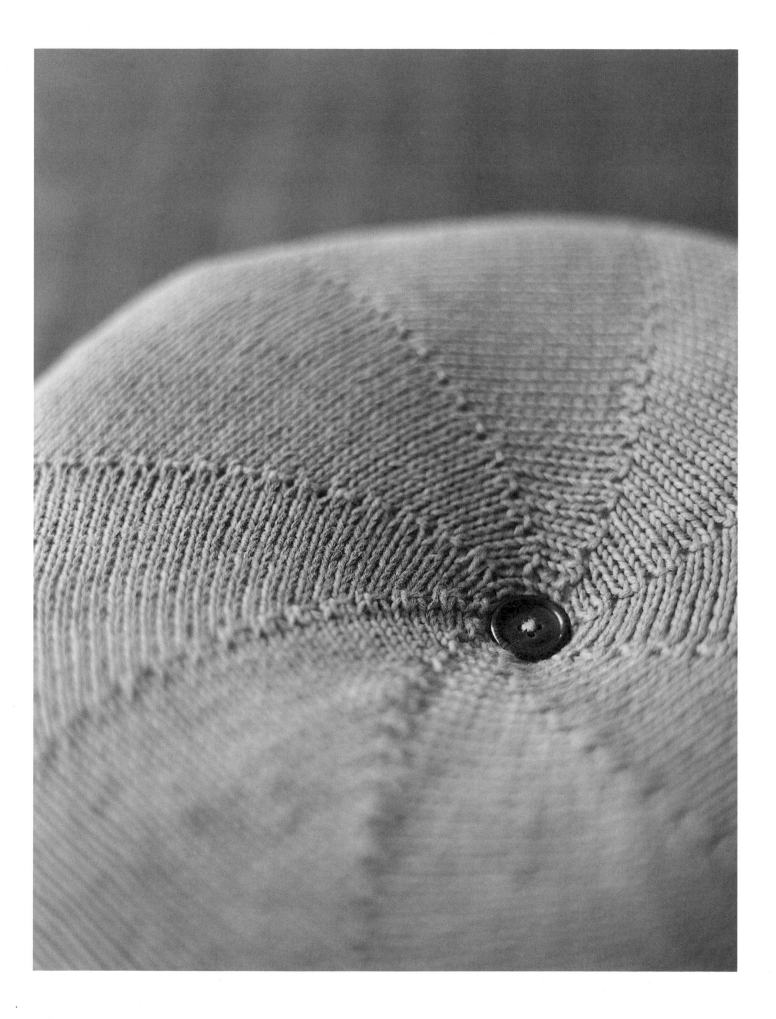

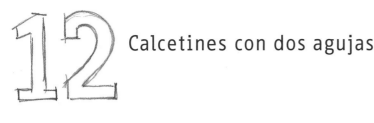

# Calcetines con dos agujas

Se trata de una introducción a los calcetines de punto. Tejer calcetines es algo que cualquier persona que se familiarice con esta disciplina debe intentar aprender. Estos calcetines gruesos, calentitos y cómodos son ideales para las ya clásicas botas Ugg. Se ha usado el básico punto elástico 1 × 1 y el punto de media, las vueltas cortas para dar forma al talón y la disminución con efecto decorativo para un acabado profesional de la parte de los dedos.

## Nivel de destreza

**INTERMEDIO**

## En este proyecto aprenderá...

Disminución decorativa; dar forma con vueltas cortas

## Punto utilizado

Punto elástico 1 × 1; punto de media

### Tamaño
Tamaño de los calcetines:
para una talla media de pie de mujer: 37-40 (*véase* nota)
Tamaño de la pieza tejida:
40 cm de largo por 21 cm de ancho

### Materiales
3 ovillos de 50 g de lana de peso medio tipo aran,
   como la Rowan Cashsoft Aran ((4)) MEDIO
Agujas de tejer de 4 y 4 1/2 mm
Aguja grande coser con punta roma

### Tensión
19 puntos y 25 vueltas en un cuadrado de 10 cm con punto de media y agujas de 4 1/2 mm

### Nota
Puede modificar la longitud del calcetín para tallas inferiores o superiores haciendo más o menos vueltas enteras después de dar forma al calcetín.

## Clase magistral

**Dar forma con efecto decorativo**
Como se puede comprobar en la parte de los dedos de este sencillo calcetín, aquí, los puntos de disminución no sólo dan forma al proyecto, sino que también se utilizan deliberadamente para obtener un efecto decorativo. Tanto los puntos de aumento como los de disminución se inclinan en una dirección, por lo que pueden incorporarse y ser parte integrante del diseño. Cuando se trabaja con este tipo de aumentos y disminuciones, éstos se realizan normalmente a tres puntos de los bordes de la labor para que sean visibles una vez se ha cosido la pieza.

**Para aumentar en los dos extremos de una vuelta de punto del derecho:**
Pder3, haga 1 punto tomando el bucle horizontal que hay antes del siguiente punto y trabajando por la parte posterior, pder hasta los últimos 3 puntos, haga 1 punto como antes, pder3.

**Para disminuir en los dos extremos de una vuelta de punto del derecho:**
Pder3, tej2pder juntos pdetr, pder hasta los últimos 5 puntos, tej2pder juntos, pder3.

**Para disminuir en los dos extremos de una vuelta de punto del revés:**
Prev3, tej2prev juntos, prev hasta los últimos 5 puntos, tej2prev juntos, prev3.

## Para hacer los calcetines
**Haga los dos iguales**

Con agujas de 4 mm, monte 40 puntos y trabaje 6,5 cm en punto elástico 1 × 1.

Cambie a las agujas de 4¹⁄₂ mm y cont. en punto elástico como se ha indicado hasta que la labor mida 12,5 cm desde el borde de la primera vuelta.

Com. con una vuelta de punto del derecho, trabaje en punto de media —alternando una vuelta de punto del derecho y otra del revés— hasta que la labor mida 19,5 cm desde el borde de la primera vuelta y acabe con el LD boca arriba para la siguiente vuelta.

**Dar forma al tobillo**

**Vuelta 1 (LD)** Pder13, envuelva siguiente punto, dé la vuelta.
*Véase* la sección Clase magistral sobre dar forma con vueltas cortas de la página 105.

**Vuelta 2 y todas las siguientes vueltas del LR** Punto del revés.

**Vuelta 3** Pder 12, envuelva siguiente punto, dé la vuelta.

**Vuelta 5** Pder 11, envuelva siguiente punto, dé la vuelta.

**Vuelta 7** Pder 10, envuelva siguiente punto, dé la vuelta.

**Vuelta 9** Pder 9, envuelva siguiente punto, dé la vuelta.

**Vuelta 11** Pder 8, envuelva siguiente punto, dé la vuelta.

**Vuelta 13** Pder 7, envuelva siguiente punto, dé la vuelta.

**Vuelta 15** Pder 6, envuelva siguiente punto, dé la vuelta.

**Vuelta 17** Pder 5, envuelva siguiente punto, dé la vuelta.

**Vuelta 19** Pder 6, envuelva siguiente punto, dé la vuelta.

**Vuelta 21** Pder 7, envuelva siguiente punto, dé la vuelta.

**Vuelta 23** Pder 8, envuelva siguiente punto, dé la vuelta.

**Vuelta 25** Pder 9, envuelva siguiente punto, dé la vuelta.

**Vuelta 27** Pder 10, envuelva siguiente punto, dé la vuelta.

**Vuelta 29** Pder 11, envuelva siguiente punto, dé la vuelta.

**Vuelta 31** Pder 12, envuelva siguiente punto, dé la vuelta.

**Vuelta 33** Pder 13, envuelva siguiente punto, dé la vuelta.

**Vuelta 35** Punto del derecho durante TODA la vuelta.

**Vuelta 36** Pder 13, envuelva siguiente punto, dé la vuelta.

**Vuelta 37 y todas las siguientes vueltas del LD** Punto del derecho

**Vuelta 38** Prev 12, envuelva siguiente punto, dé la vuelta.

**Vuelta 40** Prev 11, envuelva siguiente punto, dé la vuelta.

**Vuelta 42** Prev 10, envuelva siguiente punto, dé la vuelta.

**Vuelta 44** Prev 9, envuelva siguiente punto, dé la vuelta.

**Vuelta 46** Prev 8, envuelva siguiente punto, dé la vuelta.

**Vuelta 48** Prev 7, envuelva siguiente punto, dé la vuelta.

**Vuelta 50** Prev 6, envuelva siguiente punto, dé la vuelta.

**Vuelta 52** Prev 5, envuelva siguiente punto, dé la vuelta.

**Vuelta 54** Prev 6, envuelva siguiente punto, dé la vuelta.

**Vuelta 56** Prev 7, envuelva siguiente punto, dé la vuelta.

**Vuelta 58** Prev 8, envuelva siguiente punto, dé la vuelta.

**Vuelta 60** Prev 9, envuelva siguiente punto, dé la vuelta.

**Vuelta 62** Prev 10, envuelva siguiente punto, dé la vuelta.

**Vuelta 64** Prev 11, envuelva siguiente punto, dé la vuelta.

**Vuelta 66** Prev 12, envuelva siguiente punto, dé la vuelta.

**Vuelta 68** Prev 13, envuelva siguiente punto, dé la vuelta.

**Vuelta 70** Prev en TODOS los puntos y marcador en los dos extremos de la vuelta.

Com. con una vuelta de punto del derecho, cont. en punto de media hasta que la labor mida 12,5 cm desde los marcadores y acabe con el LD hacia arriba para la siguiente vuelta.
*Adecúe la longitud del calcetín haciendo más o menos vueltas enteras.*

**Dar forma a la parte de los dedos**

**Vuelta 1 (LD)** Pder7, tej2pder juntos, pder2, tej2pder juntos pdetr, pder14, tej2pder juntos, pder2, tej2pder juntos pdetr, pder7.
*36 puntos.*

**Vuelta 2 y todas las vueltas siguientes del LR** Punto del revés.

**Vuelta 3** Pder6, tej2pder juntos, pder2, tej2pder juntos pdetr, pder12, tej2pder juntos, pder2, tej2pder juntos pdetr, pder6.
*32 puntos.*

**Vuelta 5** Pder5, tej2pder juntos, pder2, tej2pder juntos pdetr, pder10, tej2pder juntos, pder2, tej2pder juntos pdetr, pder5.
*28 puntos.*

**Vuelta 7** Pder4, tej2pder juntos, pder2, tej2pder juntos pdetr, pder8, tej2pder juntos, pder2, tej2pder juntos pdetr, pder4.
*24 puntos.*

**Vuelta 9** Pder3, tej2pder juntos, pder2, tej2pder juntos pdetr, pder6, tej2pder juntos, pder2, tej2pder juntos pdetr, pder3.
*20 puntos.*

**Vuelta 11** Pder2, tej2pder juntos, pder2, tej2pder juntos pdetr, pder4, tej2pder juntos, pder2, tej2pder juntos pdetr, pder2.
*16 puntos.*

**Vuelta 12** Punto del revés.
Cierre los puntos.

## Para acabar

Oculte con la aguja los hilos sueltos. *Véase* la sección Clase magistral de la página 67.

Estire la labor y plánchela suavemente del revés con cuidado de no aplastar el punto elástico.

Comenzando por la parte de los dedos, cosa con puntada invisible la costura de la parte larga (*véase* pág. 38), pero pasándose al otro lado en la parte de la vuelta de punto elástico (la sección que se ha trabajado con las agujas de 4 mm).

Sobrehíle la costura de la parte de los dedos por el lado del derecho.

# Calcetines con cuatro agujas

Unos clásicos calcetines de rayas para hombre o mujer, confeccionados con cuatro agujas. Estos calcetines son mucho más fáciles de tejer de lo que parecen, pues el hilo es una fina lana que ya viene con rayas, así que no hay necesidad de ningún cambio de color complicado. Este diseño tiene un acabado plano y muy profesional en la parte de los dedos, que se ha rematado.

## Nivel de destreza

**EXPERIMENTADO/EXPERTO**

## En este proyecto aprenderá...

A tejer en redondo con cuatro agujas; a rematar la parte de los dedos de un calcetín con remallado

## Punto utilizado

Punto de media

**Tamaño**
Para tallas:
24-27    28-32    33-36    37-40    41-43    44-47

**Materiales**
2 (2: 2: 2: 2: 2) ovillos de 50 g de hilo de mezcla de lana
   fina de 4 hebras, como el hilo para calcetines Regia Erika
   Knight Design Line (**1**) SUPERFINO
4 agujas de doble punta de 3 mm
Aguja de tapicería

**Tensión**
30 puntos y 12 vueltas en un cuadrado de 10 cm con punto
de media y agujas de 3 mm

**Abreviaturas especiales**
**Psinhacer1der** 1 punto sin hacer del derecho
**Psinhacer1rev** 1 punto sin hacer del revés

## Para hacer los calcetines

**Hacer los dos iguales**

Monte 48 (52: 56: 60: 64: 68) puntos.

Distribuya los puntos entre tres agujas y únalos deslizando el último punto como el primero de cada aguja. Coloque un marcador de puntos en la aguja para señalar el comienzo de la vuelta.

### Elástico

**Vuelta 1** [Pder1, prev1] rep. hasta el final.

Rep. vuelta 1 hasta que la labor mida 15 (16: 17: 18: 19: 20) cm.

### Parte del tobillo

Pder12 (13: 14: 15: 16: 17:), dé la vuelta.

**Vuelta 1** Psinhacer1rev, prev23 (25: 27: 29: 31: 33), dé la vuelta.

*24 (26: 28: 30: 32: 34) puntos en esta aguja.*

Deslice el resto de los puntos en la aguja libre.

**Vuelta 2** Psinhacer1der, pder23 (25: 27: 29: 31: 33), dé la vuelta.

Trabaje hacia delante y hacia atrás en estos 24 (26: 28: 30: 32: 34) puntos.

Rep. últimas dos vueltas 10 (11: 12: 13: 14: 15) veces más.

### Dar forma al tobillo

**Vuelta 1** Psinhacer1rev, prev12 (14: 16: 16: 18: 18), tej2prev juntos, prev1, dé la vuelta.

**Vuelta 2** Psinhacer1der, pder3 (5: 6: 5: 6: 5), tej2pder juntos pdetr, dé la vuelta.

**Vuelta 3** Psinhacer1rev, prev4 (6: 7: 6: 7: 6), tej2prev juntos, prev1, dé la vuelta.

**Vuelta 4** Psinhacer1der, pder5 (7: 8: 7: 8: 7), tej2pder juntos pdetr, pder1, dé la vuelta.

Cont. de este modo, tomando un punto más en cada vuelta como se ha indicado, hasta que todos los puntos de la parte del tobillo estén incluidos.

### Tomar puntos para el empeine

Tome y teja con punto del derecho 12 (13: 14: 15: 16: 17) puntos por la forma del tobillo abajo, pder24 (26: 28: 30: 32: 34) puntos desde el elástico, tome y teja con punto del derecho 12 (13: 14: 15: 16: 17) puntos por la forma del tobillo arriba, pder7 (8: 9: 9: 10: 10). 62 (68: 74: 78: 84: 88) puntos para acabar en el marcador.

### Dar forma al empeine

**Vuelta 1** Pder 17 (19: 21: 22: 24: 25), tej2pder juntos, tej2pder juntos, pder24 (26: 28: 30: 32: 34), tej2pder juntos pdetr, p. der. hasta el final.

*60 (66: 72: 76: 82: 86) puntos.*

**Vuelta 2** P. der. hasta el final de la vuelta.

**Vuelta 3** Pder16 (18: 20: 21: 23: 24), tej2pder juntos, pder24 (26: 28: 30: 32: 34), tej2pder juntos pdetr, p. der. hasta el final.

*58 (64: 70: 74: 80: 84) puntos.*

**Vuelta 4** P. der. hasta el final de la vuelta.

Cont. de este modo, disminuya 2 puntos en cada vuelta alt. como se ha indicado hasta que queden 48 (52: 56: 60: 64: 68) puntos.

### Pie

**Siguiente vuelta** P. der. hasta el final de la vuelta.

Rep. esta vuelta hasta que el pie mida 14 (16: 18: 20: 22,5: 24,5) cm desde la parte posterior del tobillo.

### Disminuir para la parte de los dedos

**Vuelta 1** Pder9 (10: 11: 12: 13: 14), tej2pder juntos, pder2, tej2pder juntos pdetr, pder18 (20: 22: 24: 26: 28), tej2pder juntos, pder2, tej2pder juntos pdetr, p. derecho hasta el final de la vuelta.

**Vuelta 2** P. der. hasta el final de la vuelta.

**Vuelta 3** Pder8 (9: 10: 11: 12: 13), tej2pder juntos, pder2, tej2pder juntos pdetr, pder16 (18: 20: 22: 24: 26), tej2pder juntos, pder2, tej2pder juntos pdetr, p. der. hasta el final de la vuelta.

**Vuelta 4** P. der. hasta el final de la vuelta.

Cont. de este modo, disminuya 4 puntos en cada vuelta alt. como se ha indicado hasta que queden 24 (28: 28: 32: 32: 36) puntos.

**Siguiente vuelta** Pder18 (21: 21: 24: 24: 27).

Recoloque los puntos de modo que los primeros 6 (7: 7: 8: 8: 9) puntos y los últimos 6 (7: 7: 8: 8: 9) de la vuelta estén en una aguja y los restantes 12 (14: 14: 16: 16: 18) puntos en otra.

## Para acabar

Remalle la parte de los dedos. *Véase* la sección Clase magistral de la página siguiente.

Oculte con la aguja los hilos sueltos. *Véase* la sección Clase magistral de la página 67.

Estire la labor y plánchela suavemente del revés.

## Clase magistral

**Remallar la parte de los dedos de un calcetín**

Corte la hebra de trabajo dejando unos 30 cm. Enhébrela en la aguja de tapicería.

Sujete las dos agujas de punto paralelas la una a la otra. Con la aguja donde está el hilo enhebrado por detrás, introduzca la aguja de tapicería como para hacer punto del derecho en el primer punto de la aguja de detrás.

Pase la hebra y deje el punto en la aguja.

**1** * Introduzca la aguja de tapicería en el primer punto de la aguja que está delante como para hacer punto del derecho y saque el punto de la aguja.
**2** Introduzca la aguja de tapicería en el siguiente punto de la aguja de delante como para hacer punto del revés. Pase la hebra y deje el punto de la aguja.
**3** Inserte la aguja de tapicería en el primer punto de la aguja de detrás como para hacer punto del revés y saque el punto de la aguja.
**4** Introduzca la aguja de tapicería en el siguiente punto de la aguja de detrás como para hacer punto del derecho. Pase la hebra y deje el punto en la aguja.
**5** Repita desde * hasta que todos los puntos estén remallados.
**6** Asegure el extremo del hilo por dentro del calcetín.

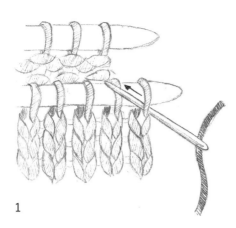

1

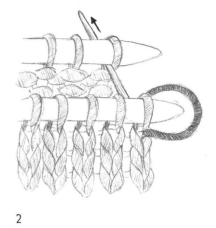

2

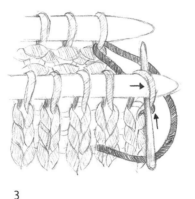

3

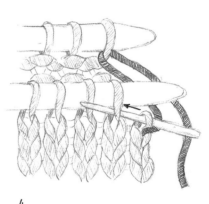

4

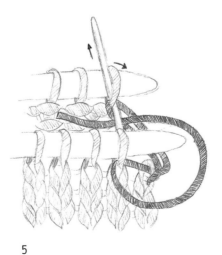

5

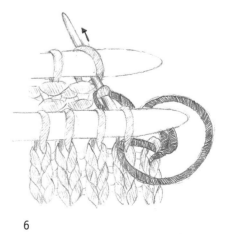

6

# Bufanda de ochos

Bufanda larguísima tejida con hilo
*super bulky* y agujas de gran calibre.
El diseño incorpora un ocho de gran tamaño
y un orillo con un acabado muy pulcro.
Este proyecto es perfecto para iniciarse
en los ochos porque al trabajar con lana
muy gruesa en agujas de gran calibre,
los puntos del ocho resultan muy visibles,
de manera que podrá advertir cómo va
tomando forma el ocho a medida que teje.

## Nivel de destreza

■■■■
**EXPERIMENTADO/EXPERTO**

## En este proyecto aprenderá...
A hacer un ocho

## Punto utilizado
Punto de media; punto de media inverso;
punto de trenza × 12 por detrás

## Tamaño
Aproximadamente 23 cm de ancho por 230 cm
de largo, en función de la tensión

## Materiales
5 ovillos de 100 g de lana *super bulky*, como la Rowan
 Big Wool ④ SUPER BULKY
Agujas de tejer de 12 mm
Aguja auxiliar para ochos

## Tensión
9 puntos y 12 vueltas en un cuadrado de 10 cm con punto
de media y agujas de 12 mm

## Abreviaturas especiales
**Ptr12detr** Punto de trenza × 12 por detrás: deslice
siguientes 6 puntos en la aguja auxiliar, por detrás de la
labor, pder6 desde aguja MD, y pder6 desde ag. auxiliar

## Para hacer la bufanda
Monte 26 puntos y trabaje en p. elást. del modo que
se indica a continuación:
**Elástico vuelta 1 (LD)** [Pder2, prev1] hasta últimos
2 puntos, pder2.
**Elástico vuelta 2** [Prev2, pder1] hasta últimos
2 puntos, prev2.
Rep. últimas 2 vueltas hasta que la labor mida 23 cm
y acabe con el LD hacia arriba para la siguiente vuelta.
Ahora haga el ocho como se indica a continuación:
**Vuelta 1 (LD)** Pder2, prev5, pder12, prev5, pder2.
**Vuelta 2** Prev2, pder5, prev12, pder5, prev2.
**Vuelta 3** Pder2, prev5, ptr12detr, prev5, pder2.
**Vuelta 4** Como vuelta 2.
**Vueltas 5-16** Rep. vueltas 1 y 2 seis veces más.
Rep. estas 16 vueltas 11 veces más y después haga vueltas
1-6 para acabar con el LD hacia arriba para la siguiente
vuelta.
Rep. vueltas 1 y 2 elástico hasta que éste mida 23 cm y acabe
con el LD hacia arriba para la siguiente vuelta. Cierre los
puntos en p. elást.

## Para acabar
Oculte los hilos sueltos con una aguja de coser.
*Véase* la sección Clase magistral de la página 67.
Estire la labor y plánchela suavemente del revés.

## Clase magistral

### Cómo hacer un ocho

Los ochos se hacen intercambiando o cruzando grupos de puntos dentro de una vuelta mediante el uso de una tercera aguja, más corta, o aguja auxiliar. Los ochos tienen su origen en las islas escocesas y son una forma tradicional de punto decorativo conocida también como *aran*. Aunque parecen complicados, son bastante sencillos de hacer. La técnica que se muestra aquí puede realizarse con cualquier número de puntos, como en el caso de la funda para la botella de agua caliente de las páginas 118-121, donde se trabaja con 8 puntos en lugar de 12. Si la aguja auxiliar se sujeta por detrás de la labor, el ocho se tuerce hacia la derecha. Para que el ocho se tuerza hacia la izquierda, hay que sujetar la aguja auxiliar por delante de la labor.

### Punto de trenza × 12 por detrás (Ptr12detr)

Trabaje hasta la ubicación del ocho. Pase los primeros seis puntos del ocho, introduciendo la aguja como para hacer punto del revés, de la aguja de la mano izquierda a la aguja auxiliar. Déjela por detrás de la labor. Teja con punto del derecho los siguientes seis puntos de la aguja de la mano izquierda. Mantenga tensa la hebra para que no se forme un agujero en el tejido. Después, teja con punto del derecho los seis puntos directamente en la aguja auxiliar o, si lo prefiere, páselos a la aguja de la mano izquierda para tejerlos.

# Funda para botella de agua caliente con punto de trenza

Teja esta elegante y práctica funda de punto para una botella de agua caliente. Confeccionado con suave hilo de algodón natural, el pulcro diseño de punto de trenza está rematado con un cuello alto de punto elástico que contrasta.

*Nivel de destreza*

■■■◻

**INTERMEDIO**

*En este proyecto aprenderá...*
A trabajar trenzas

*Punto utilizado*
Punto de media; punto elástico 1 × 1; punto de trenza

**Tamaño**
Para una botella de agua caliente de tamaño medio
**Tamaño de la pieza tejida:** 33 cm de largo por 20 cm de ancho

**Materiales**
3 ovillos de 50 g de hilo de algodón aran de peso medio, como el Debbie Bliss Eco Fairtrade Cotton (4) MEDIO
Agujas de tejer de 4 y 4½ mm
Aguja auxiliar de 4½ mm
Aguja de coser grande con la punta roma

**Tensión**
18 puntos y 24 vueltas en un cuadrado de 10 cm con punto de media y agujas de 4½ mm

**Abreviaturas especiales**
**Ptr8del** punto de trenza × 8 por delante: pase 4 puntos a la aguja auxiliar y sujétela por delante de la labor; teja con punto del derecho 4 puntos de la aguja de la mano izquierda y después 4 puntos de la aguja auxiliar.
**Ptr8detr** punto de trenza × 8 por detrás: pase 4 puntos a la aguja auxiliar y sujétela por detrás de la labor; teja con punto del derecho 4 puntos de la aguja de la mano izquierda y después 4 puntos de la aguja auxiliar.

## Clase magistral

### Cómo tejer una trenza

Confecciónela con 12 puntos: los 8 puntos de la derecha se tuercen hacia este lado (ptr4detr); los 4 puntos de la izquierda se tejen normales con punto del derecho; los 4 puntos de la derecha se tejen normales con punto del derecho; los 8 puntos de la izquierda se tuercen hacia este lado (ptr4del). El resultado es una combinación escalonada de los dos ochos de 8 puntos, que proporciona un estupendo efecto de trenza.

Se puede hacer que los ochos crucen toda la pieza llevando los puntos del ocho en la dirección que se desee. Sólo hay que cruzar los puntos y dirigirlos.

¿Por qué no prueba a hacer este diseño utilizando cualquier otro de los puntos de trenza que se han explicado en la Biblioteca de puntos (*véanse* págs. 58-59)?

### Para hacer la funda de la botella de agua caliente

**Delante**

Con las agujas de 4 mm, monte 48 puntos y haga 8 vueltas en p. elást. 1 × 1 del modo que se indica a continuación:

**Elástico vuelta 1 (LD)** [Pder1, prev1] hasta el final.

**Elástico vuelta 2** [Pder1, prev1] hasta el final.

Rep. últimas 2 vueltas 3 veces más para acabar con el LD hacia arriba para la siguiente vuelta.

Cambie a las agujas de 4½ mm y trabaje la trenza del modo que se indica a continuación:

**Vuelta 1 (LD)** Prev3, [pder12, prev3] hasta el final de la vuelta.

**Vuelta 2** Pder3, [prev12, pder3] hasta el final de la vuelta.

**Vuelta 3** Prev3, [ptr8del, pder4, prev3] hasta el final de la vuelta.

**Vuelta 4** Pder3, [prev12, pder3] hasta el final de la vuelta.

**Vuelta 5** Prev3, [pder12, prev3] hasta el final de la vuelta.

**Vuelta 6** Pder3, [prev12, pder3] hasta el final de la vuelta.

**Vuelta 7** Prev3, [pder12, prev3] hasta el final de la vuelta.

**Vuelta 8** Pder3, [prev12, pder3] hasta el final de la vuelta.

**Vuelta 9** Prev4, [pder4, ptr8detr, prev3] hasta el final de la vuelta.

**Vuelta 10** Pder3, [prev12, pder3] hasta el final de la vuelta.

**Vuelta 11** Prev3, [pder12, prev3] hasta el final de la vuelta.

**Vuelta 12** Pder3, [prev12, pder3] hasta el final de la vuelta.

Rep. diseño de ocho de 12 vueltas 7 veces.

*84 vueltas trabajadas; mide 36 cm desde el borde de la primera vuelta.*

### Dar forma a la parte superior

Monte 4 puntos al com. de las siguientes 4 vueltas, después cierre 3 puntos al com. de las siguientes 2 vueltas.
*26 puntos.*
Cambie a las agujas de 4 mm y haga 14 cm en p. elást. 1 × 1. Cierre en p. elást.

### Detrás

Trabaje como se ha explicado para la parte de delante, pero repitiendo el diseño de ochos de 12 vueltas 3 veces.
*36 vueltas trabajadas; mide 16 cm desde el borde de la primera vuelta.*
Dé forma a la parte superior como se ha indicado para la zona de delante.

### Para acabar

Oculte los hilos sueltos con la ayuda de la aguja. *Véase* la sección Clase magistral de la página 67.
Estire la labor y plánchela suavemente del revés con cuidado de no aplastar los ochos.
Junte las partes de delante y de detrás por el derecho, comenzando por la parte superior, y sujete con alfileres.
Doble la parte de delante 13 cm desde el borde de la primera vuelta hacia la espalda.
Sujete todas las capas con alfileres.
Con puntada invisible (*véase* pág. 38), cosa los primeros 7 cm del elástico, después cont. con pespunte y cosa la funda asegurándose de que traspasa todas las capas en la parte donde se superponen. Utilice puntada invisible para los últimos 7 cm del elástico (así invertirá la costura del «cuello» de la funda). Dé la vuelta a la funda e introduzca la botella de agua caliente.

# Plaid de cuadros

Ésta es mi sencilla versión de la manta básica de cuadros, el principal proyecto de quienes empiezan a tejer. Este plaid está confeccionado en una sola pieza, por lo que el único acabado que requiere es ocultar con la aguja de coser unos pocos hilos sueltos. El proyecto introduce la técnica de la intarsia, en la que se utiliza una nueva hebra para cada cambio de color. Se ha empleado punto de media y algodón tipo aran para aportar claridad al punto y comodidad durante todo el año.

*Nivel de destreza*

**INTERMEDIO**

*En este proyecto aprenderá...*

A cambiar de color usando el método de la intarsia

*Punto utilizado*

Punto de media

**Tamaño**
Plaid:
aproximadamente 120 cm de ancho por 144 cm de largo
Tamaño de cada cuadro:
24 cm de ancho por 24 cm de largo

**Materiales**
Hilo aran de peso medio, como el Debbie Bliss
   Eco Fairtrade Cotton **4** MEDIO
      A  11 ovillos de 50 g en color negro
      B  11 ovillos de 50 g en color beis
Aguja circular de 4 1⁄2 mm de calibre, 100 cm de largo
Aguja de coser grande con la punta roma

**Tensión**
18 puntos y 24 vueltas en un cuadrado de 10 cm con punto de media y agujas de 4 1⁄2 mm

**Nota**
Utilice un ovillo independiente para cada color y retuerza los hilos por el lado del revés de la labor cuando cambie de tono para evitar agujeros. *Véase* la sección Clase magistral de la página siguiente. Cuando sea posible, oculte los hilos sueltos a medida que va trabajando. *Véase* la sección Clase magistral de la página 67.

## Clase magistral

**Cambiar de hilo con el método de la intarsia**
Cuando teja utilizando varios colores en una vuelta, organice el hilo en pequeñas madejas de cada color. Para saber cuánto hilo va a necesitar, calcule el número de puntos en esa zona específica y después enrolle el hilo alrededor de una aguja de tejer ese número de veces añadiendo una pequeña cantidad más para coser los extremos. Cuando haya calculado la cantidad de hilo, enróllelo alrededor de un carrete pequeño.

**1** Para cambiar a un nuevo color en una vuelta de punto del derecho, trabaje hasta el lugar en cuestión. Deje la hebra del color anterior. Tome la hebra del nuevo color de debajo de la anterior y teja hasta el siguiente cambio de color.
**2** En una vuelta de punto del revés, trabaje hasta el lugar donde cambia el color. Deje la hebra del color anterior. Tome la hebra del nuevo color de debajo de la anterior y teja hasta el siguiente cambio de color.

Lo que se hace en la intarsia es «retorcer» los dos hilos de color para trabajarlos juntos. Tenga cuidado de no retorcer el hilo más de lo necesario para que la prenda no se arrugue. El objetivo es unir las dos secciones de color para que formen una sola prenda.

## Para hacer el plaid

Monte 210 puntos con la siguiente secuencia de color: 42A, 42B, 42A, 42B, 42A.
**\*Primera fila de cuadros**
**Vuelta 1** Pder42B, pder42A, pder42B, pder42A, pder42B.
**Vuelta 2** Prev42A, prev42B, prev42A, prev42B, prev42A.
Estas dos vueltas fijan los cuadros de la primera sección del plaid. Haga otras 54 vueltas. Corte hilo para cada cuadro dejando una longitud de unos 15 cm.
**Segunda fila de cuadros**
**Vuelta 1** Pder42B, pder42A, pder42B, pder42A, pder42B.
**Vuelta 2** Prev42B, prev42A, prev42B, prev42A, prev42B.
Estas dos vueltas fijan los cuadros de la segunda sección del plaid. Haga otras 54 vueltas. Corte hilo para cada cuadro dejando una longitud de unos 15 cm.
Rep. desde \* dos veces más.
*Se han trabajado seis secciones de cuadros.*
Cierre los puntos retorciendo las hebras en los cambios de color.

## Para acabar

Oculte los hilos sueltos con la ayuda de la aguja.
*Véase* la sección Clase magistral de la página 67.
Estire la labor y plánchela suavemente del revés.

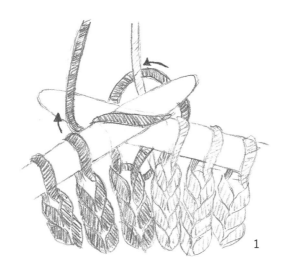

1

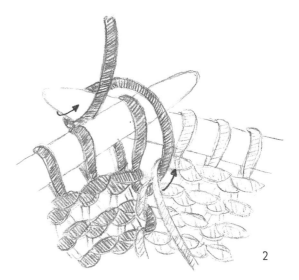

2

# Acerico con la técnica jacquard

Pequeño proyecto para experimentar con la técnica jacquard, que consiste en tejer con dos hilos de distinto color en una misma vuelta siguiendo un sencillo gráfico. El acerico está trabajado en blanco y negro para que contrasten como recuerdo de los tradicionales diseños de encaje de estilo victoriano. Es un utensilio perfecto para tener ordenados los materiales de costura.

## Nivel de destreza

**EXPERIMENTADO/EXPERTO**

## En este proyecto aprenderá...

A trabajar con dos colores en la misma vuelta; a hacer un ribete de picot

## Punto utilizado

Punto de media

## Tamaño
Tamaño del acerico:
aproximadamente 6 cm de ancho por 12 cm de largo
Tamaño de las piezas tejidas:
aproximadamente 6 cm de ancho por 12 cm de largo

## Materiales
Hilo fino de algodón mercerizado de 4 hebras, como
  el Yeoman's Cotton Cannele 〔 2 〕 SUPERFINO
25 g de cada uno de los siguientes colores
    A  negro
    B  crudo
Agujas de tejer de 3 mm
Aguja grande de coser con la punta roma
Un poco de relleno

## Tensión
32 puntos y 42 vueltas en un cuadrado de 10 cm con punto de media y agujas de 3 mm

## Para hacer el acerico
### Parte delantera
Con el hilo A, monte 41 puntos y com. con una vuelta de punto del derecho, haga 10 vueltas de punto de media.
Trabaje las 11 vueltas del gráfico de la parte inferior repitiendo los 12 puntos centrales tres veces para acabar con el LR hacia arriba para la siguiente vuelta. Corte el hilo B.
Con el hilo A y com. con una vuelta de punto del revés, haga 10 vueltas de punto de media para acabar con el LR hacia arriba para la siguiente vuelta. Cierre los puntos con punto del revés.

### Parte trasera
Con el hilo A, monte 41 puntos y com. con una vuelta de punto del derecho, haga 31 vueltas de punto de media para acabar con el LR hacia arriba para la siguiente vuelta. Cierre los puntos con punto del revés.

### Ribete sencillo de picot
Con el hilo A, monte 5 puntos. * Cierre 4 puntos, pase el punto restante de la aguja de la MD a la de la MI, monte 4 puntos; rep. desde * hasta que el ribete mida 42 cm. Cierre los puntos.

## Para acabar
Oculte los hilos sueltos con la ayuda de la aguja.
*Véase* la sección Clase magistral de la página 67.
Estire la labor y plánchela suavemente del revés.
Cosa las piezas por tres lados y deje el cuarto abierto para introducir el relleno.
Rellene firmemente y cierre la costura.
Cosa el ribete alrededor del acerico por la línea de la costura.

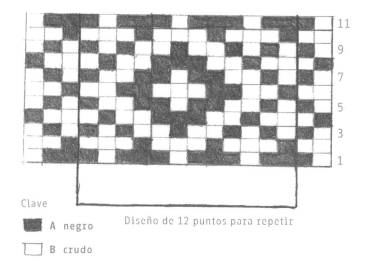

Clave

■ A  negro

☐ B  crudo

Diseño de 12 puntos para repetir

# Clase magistral

## Técnica jacquard

Cuando teja con dos o más colores, si hay más de tres puntos entre cada cambio de color, hay que entrelazar la hebra por la parte posterior de la prenda. Así tendrá bien organizados los hilos y evitará que el tejido se arrugue.

He elegido a propósito un diseño sencillo para este acerico asegurándome de que no haya más de tres puntos entre cada cambio de color, lo que significa que la hebra simplemente puede pasarse a la parte posterior del tejido.

**1** En una vuelta de punto del derecho, deje la hebra con la que está trabajando. lleve el hilo del nuevo color por encima del que ha dejado y trabaje hasta el siguiente cambio de color.

**2** Deje la hebra con la que está trabajando. Lleve el nuevo color por debajo de la hebra que ha dejado y trabaje hasta el siguiente cambio de color. Repita estos dos pasos en todos los cambios de color posteriores.

**1** En una vuelta de punto del revés, deje la hebra con la que está trabajando. Lleve el hilo del nuevo color por encima del que ha dejado y trabaje hasta el siguiente cambio de color.

**2** Deje la hebra con la que está trabajando. Lleve el nuevo color por debajo de la hebra que ha dejado y trabaje hasta el siguiente cambio de color. Repita estos dos pasos en todos los cambios de color posteriores.

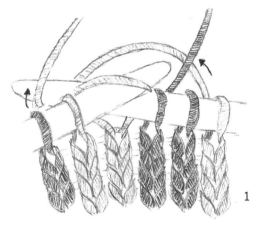

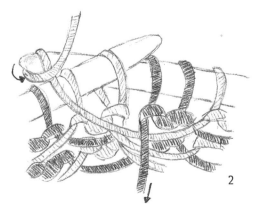

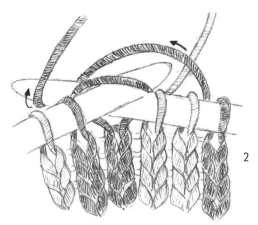

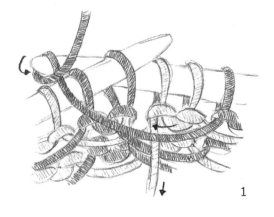

# 18 Funda de tetera con diseño de rosa y técnica de intarsia

Esta funda básica de tetera, tejida en punto de media, está decorada con un bonito diseño de rosas en clásicos tonos pastel. Para que resulte más fácil, el color base de las rosas está tejido utilizando el método de la intarsia, mientras que los realces y matices van bordados por encima. Además de los tres colores principales, sólo se necesitan pequeñas cantidades de otros tonos, por lo que este proyecto es perfecto para aprovechar hilos sobrantes.

*Nivel de destreza*

■■■■

**EXPERIMENTADO/EXPERTO**

*En este proyecto aprenderá...*

A añadir colores usando punto de malla; cambiar de color con intarsia; leer un gráfico

*Punto utilizado*

Punto de media

**Tamaño**
**Tamaño de la funda:**
para una tetera de tamaño medio

**Materiales**
Hilo de algodón DK, como el Rowan Cashsoft DK (4) MEDIO
o
Patons Merino Deluxe DK (4) MEDIO
A 2 ovillos de 50 g de color piedra (Rowan Cashsoft DK)
B 1 ovillo de 50 g de color rosa (Rowan Cashsoft DK de 4 hebras; se usan dos hebras juntas)
C 1 ovillo de 50 g de color crudo (Rowan Cashsoft DK)
D 1 ovillo de 50 g de color marrón topo (Patons Merino Deluxe DK)
E 1 ovillo de 50 g de color gris oscuro (Rowan Cashsoft DK)
F 1 ovillo de 50 g de color morado (Patons Merino Deluxe DK)
G 1 ovillo de 50 g de color violeta (Rowan Kidsilk Haze; se usan tres hebras juntas)
H 1 ovillo de 50 g de color marrón (Rowan Cashsoft DK)
I 1 ovillo de 50 g de color gris medio (Rowan Pure Wool DK)
J 1 ovillo de 50 g en color verde azulado (Rowan Cashsoft DK)
K 1 ovillo de 50 g en color dorado (Rowan Cashsoft DK)
Agujas de tejer de 3 y 4 mm
0,5 m de relleno
0,5 m de tela para forrar
Trozo pequeño de cinta tejida, aproximadamente 10 cm
Aguja de coser grande con la punta roma

**Tensión**
22 puntos y 30 vueltas en un cuadrado de 10 cm con punto de media y agujas de 4 mm

## Para hacer la funda
**Parte delantera**
Con unas agujas de 3 mm e hilo B, monte 70 puntos y haga 4 vueltas en punto elástico 1 × 1. Cambie al hilo A y haga una vuelta de p. elást.
Cambie al hilo B y haga 4 vueltas de p. elást.
Cambie a las agujas de 4 mm y al hilo A y com. con una vuelta de p. der., haga 36 vueltas enteras para acabar con el LR hacia arriba para la siguiente vuelta y, A LA VEZ, consulte el gráfico de la página siguiente y trabaje los colores como se indica a continuación:
*Utilice la técnica de la intarsia.*
*Véase la sección Clase magistral de la página 124.*
*Nota: no trabaje el diseño de la flor que se muestra en las cajas punteadas. Es para trabajarlo sólo por la parte posterior de la labor.*
**Siguiente vuelta** Disminuya 1 punto en los dos extremos de la siguiente vuelta. *68 puntos*
Haga 3 vueltas enteras.
**Siguiente vuelta** Disminuya 1 punto en los dos extremos de la siguiente vuelta. *66 puntos*
Haga 2 vueltas enteras.

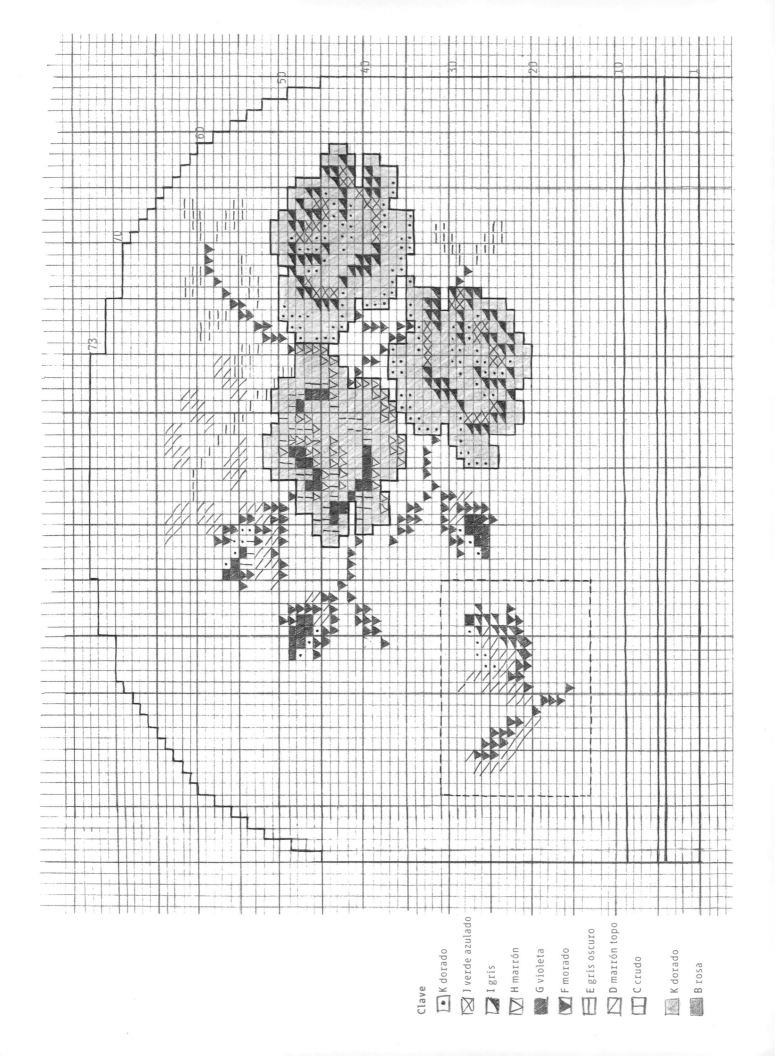

Clave

- K dorado
- J verde azulado
- I gris
- H marrón
- G violeta
- F morado
- E gris oscuro
- D marrón topo
- C crudo
- K dorado
- B rosa

**Siguiente vuelta** Disminuya 1 punto en los dos extremos de la siguiente vuelta y en cada vuelta alt. hasta que queden 58 puntos.
Haga 1 vuelta.
Disminuya 1 punto en los dos extremos de las siguientes 9 vueltas. *40 puntos*
Cierre 5 puntos al com. de las siguientes 4 vueltas. *20 puntos*
Haga 1 vuelta.
Cierre los puntos.

### Parte trasera
Siga el mismo procedimiento que con la parte delantera; consulte el gráfico y trabaje el pequeño motivo de la flor de las cajas punteadas. Siguiendo el gráfico, haga todos los demás colores en punto de malla sobre los motivos realizados con intarsia.

### Para acabar
Oculte los hilos sueltos con la ayuda de la aguja.
*Véase* la sección Clase magistral de la página 67.
Estire la labor y plánchela suavemente del revés.
Cosa alrededor del borde curvo dejando un espacio abierto de 1,5 cm en la parte superior.
Doble la cinta por la mitad, introdúzcala en el espacio abierto y cósala a modo de bucle para colgar la funda.
Ponga la labor sobre el relleno y marque alrededor; corte 2 piezas de relleno. Repita la misma operación con el forro, pero añada 1,5 cm de margen para la costura.
Coloque juntas las dos piezas de relleno y cosa alrededor del borde curvo dejando un margen de costura de 1,5 cm. No le dé la vuelta.
Una la tela del forro por el revés y cosa alrededor del borde curvo dejando un margen de costura de 1,5 cm.
Coloque el forro, sin darle la vuelta, dentro del «bolsillo» del relleno.
Introdúzcalo en la funda y cosa alrededor del dobladillo.

## Clase magistral

### Punto de malla
El punto de malla es un tipo de bordado que se asemeja al punto tejido del derecho. Con una aguja de tapicería e hilo, pueden coserse pequeñas zonas de color por encima del punto para añadir un detalle decorativo y evitar la difícil técnica de tejer con varios colores. Tejer cada uno de los puntos de distinto color que conforman el motivo de la rosa de este diseño sería increíblemente difícil y exigente hasta para alguien muy experimentado. Creo que conseguirá un resultado mucho mejor si borda con punto de malla algunos realces y detalles sobre un color base de punto tejido. Cuando haga punto de malla sobre puntos tejidos, acuérdese de que las puntadas no queden demasiado tensas para que no se le arrugue la prenda.

1 Para trabajar una vuelta horizontal de punto de malla, hágalo de derecha a izquierda sobre el punto tejido. Introduzca la aguja por la parte posterior del tejido en la base de un punto y después pásela por debajo de los dos bucles que haya en la base del punto de arriba.
2 Vuelva a pasar la aguja por la parte posterior del tejido en el lugar donde empezó, en la base del punto inferior, y sáquela por la base del siguiente punto, a la izquierda. Habrá completado un punto de malla.

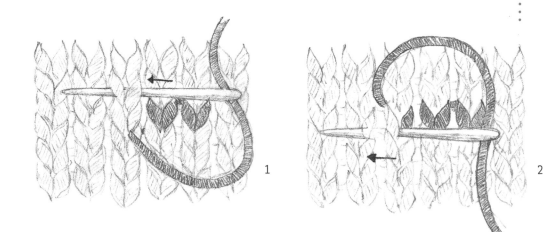

# Jersey de cuello de pico

Se trata de un sencillo jersey tejido con punto de media básico y detalles de punto elástico 1 × 1. Quedará bien con la mayoría de los hilos de peso medio; éste se ha confeccionado con un algodón pima suave, pero la lana de merino, el lino o la alpaca también serían ideales. El diseño es clásico, con cuello de pico y efecto decorativo de los aumentos y las disminuciones, lo que hace de este jersey una prenda intemporal.

## Nivel de destreza

**■■□□** **EXPERIMENTADO**

## En este proyecto aprenderá...

A dar forma con efecto decorativo; recoger puntos

## Punto utilizado

Punto de media; punto elástico 1 × 1

## Tamaño
**Para entallar**

| (pecho) | XS | S | M | L | XL | |
|---|---|---|---|---|---|---|
| | 81 | 86 | 91 | 97 | 102 | cm |
| **Sin entallar** | | | | | | |
| (pecho) | 86 | 92 | 97 | 102 | 108 | cm |
| Longitud | 56 | 58 | 60 | 62 | 64 | cm |
| Manga | 42 | 44 | 46 | 46 | 48 | cm |

## Materiales
8 ovillos de 50 g de hilo DK, como el Rowan Pima Cotton DK **(4) LIGERO**
Agujas de 3 y 4 mm
Aguja grande de coser con la punta roma

## Tensión
22 puntos y 30 vueltas en un cuadrado de 10 cm con punto de media y agujas de 4 mm

### Nota
Trabaje todos los aumentos y disminuciones a tres puntos del borde para crear un efecto decorativo.
*Véase* la sección Clase magistral de la página 108.

## Para hacer el jersey
### Espalda
Con las agujas de 3 mm, monte 97 (103: 109: 115: 119) puntos.
**Vuelta 1 (LD)** Pder1, * prev1, pder1, rep. desde * hasta el final.
**Vuelta 2** * Prev1, pder1, rep. desde * hasta último punto, prev1.
Estas 2 vueltas fijan el p. elást. 1 × 1.
Cont. en p. elást. hasta que la labor mida 5 cm para acabar con el LR hacia arriba para la siguiente vuelta y, A LA VEZ, disminuya 1 punto al final de la última vuelta. *96 (102: 108: 114: 118) puntos.* Cambie a las agujas de 4 mm y cont. del modo que se indica:
**Vuelta 1 (LD)** Punto del derecho.
**Vuelta 2** Punto del revés.
Estas dos vueltas fijan el punto de media.
Cont. en p. de media hasta que la espalda mida 37 (38: 39: 40: 41) cm para acabar con una vuelta por el LR.
**Dar forma a la sisa**
Cierre 5 puntos al com. de las siguientes 2 vueltas.
*86 (92: 98: 104: 108) puntos.*
Trabajando la disminución como se ha indicado, disminuya 1 punto al final de las siguientes 5 vueltas.
*76 (82: 88: 94: 98) puntos.*
Trabajando la disminución como se ha indicado, disminuya 1 punto al final de la siguiente vuelta y las dos siguientes vueltas alt.
*70 (76: 82: 88: 92) puntos.*
Cont. sin dar forma hasta que la sisa mida 18 (19: 20: 21: 22) cm para acabar con el LD hacia arriba para la siguiente vuelta.
**Dar forma a los hombros y la parte posterior del cuello**
Cierre 5 (5: 6: 7: 7) puntos al com. de las siguientes 2 vueltas.
*60 (66: 70: 74: 78) puntos.*
**Siguiente vuelta** Cierre 5 (6: 6: 7: 7) puntos, haga p. der. hasta que tenga 9 (10: 11: 11: 11) puntos en la aguja, dé la vuelta y, dejando el resto de los puntos en un recogepuntos, cont. con estos 9 (10: 11: 11: 11) puntos.
**Siguiente vuelta (LR)** Cierre 4 puntos, haga p. rev. hasta el final.
*5 (6: 7: 7: 7) puntos.*
Cierre los restantes 5 (6: 7: 7: 7) puntos.
Con el LD hacia arriba, trabajando en el resto de los puntos, deje los 32 (34: 36: 38: 42) puntos centrales en un recogepuntos, siga trabajando con los restantes 14 (16: 17: 18: 18) puntos y teja hasta el final con p. der.
Complete hasta igualar el primer lado del cuello dando forma de manera inversa.

## Delantero

Trabaje como se ha indicado en el caso de la espalda hasta el inicio de la forma de la sisa para acabar con el LD hacia arriba para la siguiente vuelta.

### Dar forma a la sisa

Cierre 5 puntos al com. de las siguientes 2 vueltas.
*86 (92: 98: 104: 108) puntos.*
Trabaje la disminución como se ha indicado, disminuyendo 1 punto en los dos extremos de las siguientes 2 vueltas.
*82 (88: 94: 100: 104) puntos.*

### Dar forma al cuello

Trabaje todas las disminuciones como se ha indicado, cont. del modo que se indica:
**Siguiente vuelta** Pder3, tej2pder juntos, p. der. hasta que haya 35 (38: 41: 43: 46) puntos en la aguja, tej2pder juntos pdetr, pder3, dé la vuelta y deje el resto de los puntos en un recogepuntos.
*39 (42: 45: 48: 50) puntos.*
Haga 4 vueltas, disminuya 1 punto en el borde del cuello en la segunda vuelta y las siguientes vueltas alternas y, A LA VEZ, disminuya 1 punto en el borde de la sisa en cada vuelta.
*33 (36: 39: 42: 44) puntos.*
Haga 3 vueltas, disminuya 1 punto en los dos extremos de la siguiente vuelta y las siguientes vueltas alt.
*31 (34: 37: 40: 42) puntos.*
Disminuya 1 punto en el borde del cuello sólo en la segunda vuelta y en todas las vueltas alt. hasta tener 16 (20: 22: 25: 24) puntos y después cada cuatro vueltas hasta tener 15 (17: 19: 21: 21) puntos.
Cont. sin dar forma hasta que la sisa se una a la espalda y se inicie la forma del hombro, para acabar con el LD hacia arriba para la siguiente vuelta.
Con el LD hacia arriba, teja el resto de los puntos, pder3, tej2pder, p. der. hasta últimos 5 puntos, tej2pder pdetr, pder3.
*39 (42: 45: 48: 50) puntos.*
Siga hasta igualar el primer lado dando forma de manera inversa.

## Mangas

*Haga las dos del mismo modo*

Con las agujas de 3 mm, monte 59 (61: 63: 65: 65) puntos.
Trabaje en p. elást. 1 × 1 como se ha indicado en la explicación de la espalda y cont. hasta que la labor mida 7 cm para acabar con el LD hacia arriba para la siguiente vuelta.
Cambie a las agujas de 4 mm y com. con una vuelta de p. der., cont. en p. med. y, A LA VEZ, disminuya 1 punto en cada extremo de la 11.ª vuelta y cada 20.ª (16.ª: 14.ª: 12.ª: 10.ª) vuelta hasta que tenga 69 (73: 77: 81: 85) puntos.
Cont. hasta que la manga mida 42 (44: 46: 46: 48) cm para acabar con el LD hacia arriba para la siguiente vuelta.

### Dar forma a la parte superior de la manga

Cierre 5 puntos al com. de las siguientes 2 vueltas.
*59 (63: 67: 71: 75) puntos.*
Trabajando como se ha indicado, disminuya 1 punto en cada extremo de las siguientes 5 vueltas y después en cada vuelta alt. siguiente hasta que queden 23 puntos.
Disminuya 1 punto en cada extremo de las siguientes 5 vueltas.
*13 puntos.*

## Tira del cuello

Cosa la costura del hombro derecho.
Con el LD hacia arriba y las agujas de 3 mm, recoja y teja con p. der. 42 (44: 46: 48: 50) puntos por el lado izquierdo del cuello hacia atrás, coloque el marcador en la aguja, recoja y teja 43 (45: 47: 49: 51) puntos por el lado derecho del cuello hacia delante, 3 puntos hacia la parte de detrás, teja con p. der. 32 (34: 36: 38: 42) puntos desde el recogepuntos en la parte posterior del cuello, y recoja y teja con p. der. 4 puntos desde la parte posterior del cuello hacia delante.
*125 (131: 137: 143: 151) puntos.*
Comenzando con la segunda vuelta en p. elást. como se ha indicado en el caso de la espalda, cont. del modo que se indica:
**Vuelta 1 (LR)** Prev1, * pder1, prev1, rep. hasta marcador, desplace marcador hasta aguja derecha, prev1, * pder1, prev1, rep. hasta final.
**Vuelta 2** P. elást. como se ha indicado hasta 2 puntos antes del marcador, tej2pder juntos pdetr, pase marcador a la aguja derecha, tej2pder juntos, p. elást. hasta el final.
**Vuelta 3** P. elást. como se ha indicado hasta 2 puntos antes del marcador, tej2prev, pase el marcador a la aguja derecha, tej2prev juntos pdetr, p. elást. hasta el final.
Rep. últimas 2 vueltas hasta que la tira del cuello mida 2,5 cm.
Cierre los puntos en p. elást.

## Para acabar

Cosa el hombro izquierdo y la tira del cuello. Monte las mangas con una costura invisible desde el lado derecho. Oculte los hilos sueltos.
Véase la sección Clase magistral de la página 67.
Estire la labor y plánchela suavemente del revés.

## Clase magistral

### Recoger puntos a lo largo del borde de un cuello

Una tira de cuello bien tejida en un jersey puede mejorar el aspecto de una prenda. Es posible tejer una tira de manera independiente y después coserla, pero yo prefiero recoger puntos alrededor del borde del cuello y tejerla.

Para tejer la tira de manera uniforme alrededor del borde del cuello, antes de empezar a tomar los puntos, divida la zona en secciones uniformes y marque cada una con un alfiler o un hilo de color que contraste. Divida el número de puntos que hay que recoger por el número de secciones marcadas y obtendrá el número de puntos que tiene que tomar en cada sección. Por ejemplo, si necesita recoger 48 puntos y ha dividido el borde del cuello en 8 secciones, entonces tendrá que recoger 6 puntos en cada sección. En mi opinión, es mucho más fácil recoger 6 puntos de manera uniforme en una pequeña zona que hacerlo con 48 en un borde de cuello entero.

Desde la parte delantera de la labor, introduzca el extremo de una aguja de tejer en el espacio entre el punto del borde y el siguiente punto. Enrolle la hebra alrededor de la aguja. Pase esta última y la hebra de trabajo hacia la parte delantera de la labor. Continúe trabajando así hasta recoger el número de puntos necesarios.

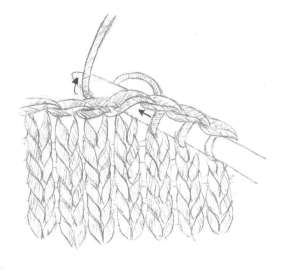

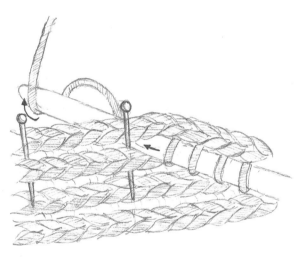

# Chaqueta con bolsillos

Tradicional chaqueta tejida con lujoso hilo de suave alpaca tipo baby. Tiene un cuello de pico, tiras para los botones y bolsillos. La parte posterior del cuello lleva una tira de lino y los botones son de madreperla: todo un clásico.

## Nivel de destreza

**EXPERIMENTADO/EXPERTO**

## En este proyecto aprenderá...

A tejer bolsillos interiores

## Punto utilizado

Punto de media

### Tamaño

| Para entallar (pecho) | XS | S | M | L | XL | |
|---|---|---|---|---|---|---|
| | 81 | 86 | 91 | 97 | 102 | cm |
| Sin entallar (pecho) | 86 | 92 | 97 | 102 | 108 | cm |
| Longitud | 65 | 67 | 69 | 71 | 73 | cm |
| Manga | 42 | 44 | 46 | 46 | 48 | cm |

### Materiales

12 (13: 13: 14: 15) ovillos de 50 g de lana DK, como la Rowan Baby Alpaca DK **4** LIGERO
Agujas de 3 y 4 mm
Botones de 5 mm de diámetro
Aguja grande coser con la punta roma

### Tensión

22 puntos y 30 vueltas en un cuadrado de 10 cm con punto de media y agujas de 4 mm

## Para hacer la chaqueta

### Espalda

Con las agujas de 3 mm, monte 97 (103: 109: 115: 119) puntos.
**Vuelta 1 (LD)** Pder1, * prev1, pder1, rep. desde * hasta el final.

**Vuelta 2** * Prev1, pder1, rep. desde * hasta último punto, prev1.
Estas 2 vueltas fijan el p. elást. 1 × 1.
Haga 14 vueltas más en p. elást. como se ha indicado para acabar con el LD hacia arriba para la siguiente vuelta.
Cambie a las agujas de 4 mm y com. con una vuelta de p. der., haga p. elást. —alternando una vuelta de p. der. y otra de p. rev.— hasta que la labor mida 46 (47: 48: 49: 50) cm para acabar con el LD hacia arriba para la siguiente vuelta.

**Dar forma a la sisa**
Cierre 5 puntos al com. de las siguientes 2 vueltas.
*87 (93: 99: 105: 109) puntos.*
Trabajando la disminución como se ha indicado, disminuya 1 punto en cada extremo de las siguientes 5 vueltas. *77 (83: 89: 95: 99) puntos.*
Trabajando la disminución como se ha indicado, disminuya 1 punto en cada extremo de la siguiente vuelta y las dos siguientes vueltas alt.
*71 (77: 83: 89: 93) puntos.*
Cont. sin dar forma hasta que la sisa mida 18 (19: 20: 21: 22) cm para acabar con el LD hacia arriba para la siguiente vuelta.

**Dar forma a los hombros y la parte posterior del cuello**
Cierre 5 (6: 7: 8: 8) puntos al com. de las siguientes 2 vueltas.
*61 (65: 69: 73: 77) puntos.*
**Siguiente vuelta** Cierre 5 (6: 7: 8: 8) puntos, haga p. der. hasta que tenga 10 (11: 11: 12: 13) puntos en la aguja, dé la vuelta y, dejando el resto de los puntos en un recogepuntos, cont. con estos 10 (11: 11: 12: 13) puntos.
**Siguiente vuelta (LR)** Cierre 4 puntos, haga p. rev. hasta el final. *6 (7: 7: 8: 9) puntos.*
Cierre los restantes 6 (7: 7: 8: 9) puntos.
Con el LD hacia arriba y trabajando en el resto de los puntos, cierre los 31 (31: 33: 33: 35) puntos centrales, siga trabajando con los restantes 15 (17: 18: 20: 21) puntos y teja hasta el final con p. der.
**Siguiente vuelta (LR)** Cierre 5 (6: 7: 8: 8) puntos, teja con p. rev. hasta el final. *10 (11: 11: 12: 13) puntos.*
**Siguiente vuelta** Cierre 4 puntos, haga p. der. hasta el final. *6 (7: 7: 8: 9) puntos.*
Cierre los restantes 6 (7: 7: 8: 9).

### Forro del bolsillo
*Haga los dos del mismo modo*
Con las agujas de 4 mm, monte 29 puntos y com. con una vuelta de p. der., haga 14 cm de punto de media para acabar con el LD hacia arriba para la siguiente vuelta.
**Siguiente vuelta** Disminuya 1 punto en cada extremo de la siguiente vuelta. 27 puntos.
Deje los puntos en un recogepuntos.

### Delantero izquierdo
Con las agujas de 3 mm, monte 53 (57: 59: 63: 65) puntos.
Haga 16 vueltas en p. elást. como se ha indicado en la explicación de la espalda para acabar con el LD boca arriba para la siguiente vuelta.

Cambie a las agujas de 4 mm y trabaje como se indica a cont:
**Vuelta 1 (LD)** Teja en p. der. hasta los últimos 12 puntos, en p. elást., como se ha indicado, hasta el final.
**Vuelta 2** Teja en p. elástico los primeros 12 puntos como se ha indicado, en p. rev. hasta el final.
Rep. estas 2 vueltas hasta que la labor mida 16 cm desde el borde de la primera vuelta para acabar con el LD hacia arriba para la siguiente vuelta.
Trabaje la tira del bolsillo del siguiente modo:
**Siguiente vuelta** Pder6 (10: 12: 16: 18) puntos, (pder1, prev1) 13 veces, p. der. hasta últimos 12 puntos, pelást12 como se ha indicado.
**Siguiente vuelta** Pelást12, prev9, pelást27 como se ha indicado, pder6 (10: 12: 16: 18) puntos.
Rep. últimas 2 vueltas tres veces más.
**Siguiente vuelta** Pder6 (10: 12: 16: 18), cierre los siguientes 27 puntos en p. elást., trabaje hasta el final.
**Siguiente vuelta** Pelást12, prev9, con el LR de la entretela del bolsillo hacia arriba, prev27 desde el recogepuntos, trabaje hasta el final de la vuelta.
*53 (57: 59: 63: 65) puntos.*
Ahora, el forro del bolsillo forma parte del delantero de la chaqueta.
Cont. con el elástico como se ha indicado hasta que la labor mida 36 (37: 38: 39: 50) cm desde el borde de la primera vuelta para acabar con el LD mirando hacia arriba para la siguiente vuelta.
**Dar forma al lateral delantero**
**Siguiente vuelta (meng.)** Haga hasta los últimos 17 puntos, tej2pder pdetr, pder3, pelást12.
**Siguiente vuelta** Pelást12, trabaje hasta el final de la vuelta.
Trabajando como se ha indicado anteriormente, disminuya 1 punto en el borde del cuello en la 3.ª vuelta siguiente, y en las cuatro sextas vueltas siguientes. *47 (51: 53: 57: 59) puntos.*
Haga 1 vuelta para acabar con el LD mirando hacia arriba para la siguiente vuelta.
*La parte delantera ahora coincide con la espalda para empezar a dar forma a la sisa.*
**Dar forma a la sisa**
**Siguiente vuelta** Cierre 5 puntos al com., haga p. der. hasta el final. *42 (46: 48: 52: 54) puntos.*
**Siguiente vuelta** Punto del revés.
Trabajando como se ha indicado anteriormente, disminuya 1 punto en el borde de la sisa en las siguientes 5 vueltas, y después en las 3 vueltas alt. siguientes. A LA VEZ, disminuya 1 punto en el borde del cuello en la 5.ª vuelta.
*33 (37: 39: 43: 45) puntos.*
Cont. disminuyendo en el borde frontal en la 3.ª vuelta siguiente y cada 6.ª vuelta hasta que queden 30 (33: 36: 36: 37) puntos.
*Sólo para las primeras tres tallas*
Disminuya 1 punto en el borde del cuello cada 8 vueltas hasta 28 (31: 33) puntos.
*Para todas las tallas*
Cont. sin dar forma hasta que la sisa coincida con la espalda para empezar a dar forma al hombro, para acabar con el LD hacia arriba para la siguiente vuelta.

**Siguiente vuelta** Cierre 5 (6: 7: 8: 8) puntos y trabaje hasta los últimos 12 puntos, dé la vuelta para dejar los 12 puntos de p. elást. en un recogepuntos. *11 (13: 14: 16: 17) puntos.*
Haga 1 vuelta.
Cierre 5 (6: 7: 8: 8) puntos al com. de la siguiente vuelta.
*6 (7: 7: 8: 9) puntos.*
Haga 1 vuelta.
Cierre los restantes 6 (7: 7: 8: 9) puntos.

**Delantero derecho**
Con agujas de 3 mm, monte 53 (57: 59: 63: 65) puntos.
Haga 8 vueltas de punto elástico como se ha indicado en el caso de la espalda.
**Vuelta con ojales 1 (LD)** Haga 5 puntos de p. elást., cierre los siguientes 2 puntos, haga p. elást. hasta el final.
**Vuelta con ojales 2** Haga p. elást. como se ha indicado, montando 2 puntos sobre los puntos que ha cerrado en la vuelta 1.
Haga 6 vueltas más en p. elást., para acabar con el LD hacia arriba para la siguiente vuelta.
Cambie a las agujas de 4 mm y trabaje como se indica a continuación, haciendo 4 ojales más a intervalos de 8,5 cm:
**Vuelta 1 (LD)** Haga 12 puntos de p. elást., haga p. der. hasta el final.
**Vuelta 2** Punto del revés hasta los últimos 12 puntos, p. elást. como se ha indicado.
Rep. las últimas 2 vueltas hasta que la labor mida 16 cm desde el borde de la primera vuelta para acabar con el LD hacia arriba para la siguiente vuelta. No se olvide de los ojales.
Trabaje la tira del bolsillo como sigue:
**Siguiente vuelta** Pelást12, pder9, (pder1, prev1) 13 veces, p. der. hasta el final.
**Siguiente vuelta** Prev6 (10: 12: 16: 18), pelást27 como se ha indicado, prev9, pelást12. Rep. últimas 2 vueltas tres veces más.
**Siguiente vuelta** Pelást12, pder9, cierre los siguientes 27 puntos en p. elást., trabaje hasta el final.
**Siguiente vuelta** Prev 6 (10: 12: 16: 18); entonces, con el LR de la entretela del bolsillo hacia arriba, prev27 desde el recogepuntos, p. rev. hasta últimos 12 puntos, p. elást. como se ha indicado. *53 (57: 59: 63: 65) puntos.*
El forro del bolsillo es ahora parte del delantero de la chaqueta.
Cont. con p. elást. por el borde como se ha indicado hasta que la labor mida 36 (37: 38: 39: 50) cm desde el borde de la primera vuelta, para acabar con el LD hacia arriba para la siguiente vuelta.
**Dar forma al lateral delantero**
**Siguiente vuelta (dism.)** Pelást12, pder3, tej2pder juntos, p. der. hasta el final.
**Siguiente vuelta** Punto del revés hasta últimos 12 puntos, pelást12.
Trabajando como se ha indicado antes, disminuya 1 punto en el borde del cuello en la 3.ª vuelta siguiente, y en las cuatro sextas vueltas siguientes.
*47 (51: 53: 57: 59) puntos.*

Haga 2 vueltas para acabar con el LR mirando hacia arriba
para la siguiente vuelta.
*El delantero ahora coincide con la espalda para empezar
a dar forma a la sisa.*

**Dar forma a la sisa**
**Siguiente vuelta (LR)** Cierre 5 puntos al com. siguiente vuelta.
*42 (46: 48: 52: 54) puntos.*
Trabajando como se ha indicado antes, disminuya 1 punto
en el borde del cuello en la 5.ª vuelta y, A LA VEZ, disminuya
1 punto en el borde de la sisa en las siguientes 5 vueltas y
después las 3 siguientes vueltas alt. *33 (37: 39: 43: 45) puntos.*
Cont. disminuyendo en el borde frontal en la 3.ª vuelta y en
cada 6.ª vuelta hasta que queden 30 (33: 36: 36: 37) puntos.
*Sólo para las primeras tres tallas*
Disminuya 1 punto en el borde del cuello cada 8 vueltas
hasta 28 (31: 33) puntos.
*Para todas las tallas*
Cont. sin dar forma hasta que la sisa coincida con la espalda
para empezar a dar forma al hombro, para acabar con el LR
hacia arriba para la siguiente vuelta.
**Siguiente vuelta** Cierre 5 (6: 7: 8: 8) puntos y trabaje hasta
los últimos 12 puntos, dé la vuelta dejando los 12 puntos
de p. elást. en un recogepuntos. *11 (13: 14: 16: 17) puntos.*
Haga 1 vuelta.
Cierre 5 (6: 7: 8: 8) puntos al com. de la siguiente vuelta.
*6 (7: 7: 8: 9) puntos.*
Haga 1 vuelta.
Cierre los restantes 6 (7: 7: 8: 9) puntos.

**Mangas**
*Haga las dos del mismo modo*
Con agujas de 3 mm, monte 59 (61: 63: 65: 65) puntos.
Trabaje en p. elást. 1 × 1 como se ha indicado en el caso
de la espalda y cont. hasta que la labor mida 7 cm para
acabar con el LD hacia arriba para la siguiente vuelta.
Cambie a las agujas de 4 mm y com. con una vuelta de p. der,
cont. en p. med. y, A LA VEZ, disminuya 1 punto en cada extremo
de la 11.ª vuelta y cada 20 (16: 14: 12: 10) vueltas hasta los
69 (73: 77: 81: 85) puntos.
Cont. hasta que la manga mida 42 (44: 46: 46: 48) cm para
acabar con el LD hacia arriba para la siguiente vuelta.
**Dar forma a la parte superior de la manga**
Cierre 5 puntos al com. de las siguientes 2 vueltas. *59 (63:
67: 71: 75) puntos.*
Trabajando como se ha indicado antes, disminuya 1 punto
en cada extremo de las siguientes 5 vueltas y después en cada
vuelta alt. siguiente hasta que queden 23 puntos.
Disminuya 1 punto en cada extremo de las siguientes
5 vueltas. *13 puntos.*

**Para acabar**
Oculte los hilos sueltos con la ayuda de la aguja.
Véase la sección Clase magistral de la página 67.
Estire la labor y plánchela suavemente del revés.
Una las costuras de los hombros.

Véase la sección Clase magistral de la página 67.

*Clase magistral*

**Bolsillos**
Existen distintos diseños para bolsillos que pueden
tejerse en las prendas en función de si queremos
que destaquen como elementos del diseño o no.
Para esta chaqueta he elegido un discreto bolsillo
interior con un elástico en la parte superior,
que, en mi opinión, es más elegante que el bolsillo
de plastrón.

**Tira del cuello**
Con agujas de 4 mm y el LD hacia arriba, pase 12 puntos de
la tira de la parte delantera derecha a la aguja, continúe en
p. elást. como se ha indicado hasta que, al estirar ligeramente
la tira, alcance el centro de la espalda. Deje los puntos en
un recogepuntos. Repita la operación para la tira de la parte
delantera izquierda. Remalle los 2 grupos de puntos juntos.
Cosa los bolsillos.
Monte las mangas.
Una las costuras de los lados y las mangas.
Cosa los botones.

# Hilos recomendados

Se ha especificado un hilo en cada uno de los veinte diseños de la sección de proyectos de este libro. Puede utilizar el hilo recomendado y sólo tendrá que elegir el tono que prefiera. Sin embargo, si quiere emplear un hilo distinto al que se indica, tendrá que comparar las tensiones para asegurarse de que el resultado final no difiera demasiado.

Hay pesos —o grosores— estándar para los hilos, reconocidos en la industria textil. Los hilos tejidos a mano varían en un abanico que oscila desde los de 4 hebras, pasando por los DK (*sport weight*) hasta llegar a los *superbulky*, en el extremo opuesto de la escala. Dentro de cada una de estas categorías hay cierto grado de tolerancia, por lo que es importante comprobar la tensión de cada hilo respecto a la que se indique en un patrón (*véase* la sección Tensión en las páginas 36-37).

Cada hilo tendrá propiedades ligeramente distintas y se comportará de forma diferente. Algunos no desteñirán y será fácil su cuidado posterior, mientras que otros tendrán que lavarse en seco o podrán apelmazarse si no se les trata correctamente (*véase* la sección Cuidados en la página 47). La información sobre los cuidados necesarios para un hilo aparecerá en la banda de papel que viene con el ovillo o la madeja. Siempre conservo una banda de papel de cada proyecto que hago y si regalo una prenda tejida a mano, incluyo esta banda para que el destinatario del presente sepa cómo cuidar la prenda. Puesto que se invierte tanto tiempo y energía en confeccionar una prenda a mano, lo normal es tener precaución con el lavado.

Además del fabricante y del nombre del hilo, una banda de papel de un ovillo contendrá por lo general la siguiente información:

### Tensión media y calibres de aguja recomendados
Es la tensión y el calibre de las agujas que recomienda el fabricante. Sin embargo, un diseñador puede recomendar algo distinto en un patrón. Si es así, haga siempre caso de la recomendación del diseñador.

### Peso del hilo
Se proporciona en gramos. La mayoría de los hilos se comercializan en ovillos de 50 o 100 g.

### Longitud
Longitud aproximada del hilo del ovillo. Cuando se piensa en sustituir un hilo por otro, este dato tiene tanta importancia como el de la tensión.

### Composición
En la banda de papel se detallan los materiales de los que está hecho el hilo, tanto si es lana pura 100 % o una mezcla de fibras, como algodón o seda. Esto afecta no sólo al cuidado de las prendas, sino también a la conveniencia de utilizar un hilo en un proyecto.

### Color y números de lote de teñido
El fabricante proporciona a cada tono de hilo un nombre y/o un número de identificación. Cuando se compra hilo, el número de lote es tan importante o más, pues debe ser el mismo en todos los ovillos que compremos. Como el hilo se tiñe en lotes, al comprar hilo con el mismo número de lote nos aseguramos de que no haya variaciones de color entre los distintos ovillos.

### Instrucciones de cuidado
En la banda de papel se especificará si está indicado lavar el hilo a máquina o sólo se debe lavar en seco, si se puede planchar y, en caso afirmativo, a qué temperatura. Esta información se facilita normalmente con símbolos estándar.

**Alchemy Yarns Silk Straw**
Hilo de seda DK; 100 % seda; 215 m por 40 g; tensión: 24 puntos con p. med. en un cuadrado de 10 cm con agujas de 3½ mm.

**Blue Sky Alpacas Royal Alpaca**
Hilo de alpaca DK; 100 % alpaca; 263 m por 100 g; tensión: 24-28 puntos con p. med. en un cuadrado de 10 cm con agujas de 3-3½ mm.

**Blue Sky Alpacas Worsted Hand Dyes**
Hilo de alpaca tipo aran; 50 % de alpaca, 50 % de merino; 91 m por 100 g; tensión: 16 puntos con p. med. en un cuadrado de 10 cm con agujas de 5½ mm.

**Debbie Bliss Como**
Hilo de mezcla de lana *super chunky*; 90 % de lana, 10 % de cachemir; 42 m por 50 g; tensión: 10 puntos y 15 vueltas con p. med. en un cuadrado de 10 cm con agujas de 10 mm.

**Debbie Bliss Eco Fairtrade Cotton**
Hilo de algodón tipo aran; 100 % algodón; 90 m por 50 g; tensión: 18 puntos y 24 vueltas con p. med. en un cuadrado de 10 cm con agujas de 4½ mm.

**Habu Cotton Gima**
Hilo de algodón superfino; 100 % algodón; 236 m por 28 g; tensión: 36 puntos y 48 vueltas con p. med. en un cuadrado de 10 cm con agujas de 2-3 mm.

**Habu Silk Gima**
Fino hilo de seda; 100 % seda; 236 m por 28 g; tensión: 26 puntos y 36 vueltas con p. med. en un cuadrado de 10 cm con agujas de 2-3 mm.

**Jarol King Dishcloth Cotton**
Hilo de algodón DK; 100 % algodón; tensión: 20 puntos y 32 vueltas con p. med. en un cuadrado de 10 cm con agujas de 4½ mm.

**Regia Erika Knight Design Line 4 hebras**
Hilo de mezcla de lana de 4 hebras; 75 % lana, 25 % poliamida; 115 m por 50 g; tensión: 30 puntos y 12 vueltas con p. med. en un cuadrado de 10 cm con agujas de 3 mm.

**Rowan Big Wool**
Hilo de lana *super chunky*; 100 % merino; 80 m por 50 g; tensión: 7,5 puntos y 9 vueltas con p. med. en un cuadrado de 10 cm con agujas de 15 mm.

**Rowan Purelife British Sheeps Breed DK**
Hilo de lana DK; 100 % lana; 120 m por 50 g; tensión: 22 puntos y 30 vueltas con p. med. en un cuadrado de 10 cm con agujas de 4 mm.

**Rowan Cashsoft Aran**
Hilo de mezcla de merino tipo aran; 57 % merino, 33 % microfibra acrílica, 10 % cachemir; 87 m por 50 g; tensión: 19 puntos y 25 vueltas con p. med. en un cuadrado de 10 cm con agujas de 4½ mm.

**Rowan Cashsoft DK**
Hilo de mezcla de merino DK; 57 % merino, 33 % microfibra acrílica, 10 % cachemir; 130 m por 50 g; tensión: 22 puntos y 30 vueltas con p. med. en un cuadrado de 10 cm con agujas de 4 mm.

**Rowan Classic Baby Alpaca DK**
Hilo de alpaca; 100 % alpaca joven; 100 m por 50 g; tensión: 22 puntos y 30 vueltas en un cuadrado de 10 cm con agujas de 4 mm.

**Rowan Kidsilk Aura**
Hilo de mezcla de moer DK; 75 % moer *kidsilk,* 25 % seda; 75 m por 25 g; tensión: 16-20 puntos y 19-28 vueltas con p. med. en un cuadrado de 10 cm con agujas de 4-6 mm.

**Rowan Lenpur Linen**
Hilo de mezcla de lino DK; 75 % VI Lenpur, 25 % lino; 115 m por 50 g; tensión: 22 puntos y 30 vueltas con p. med. en un cuadrado de 10 cm con agujas de 4 mm.

**Rowan Pima Cotton DK**
Hilo de algodón DK; 100 % algodón pima; 130 m por 50 g; tensión: 22 puntos y 30 vueltas con p. med. en un cuadrado de 10 cm con agujas de 4 mm.

**Rowan Pure Silk DK**
Hilo de seda DK; 100 % seda; 125 m por 50 g; tensión: 22 puntos y 30 vueltas con p. med. en un cuadrado de 10 cm con agujas de 4 mm.

**Yeoman's Cotton Cannel 4 hebras**
Hilo de algodón de 4 hebras; 100 % algodón mercerizado; 850 m por 245 g; tensión: 33 puntos y 44 vueltas con p. med. en un cuadrado de 10 cm con agujas de 3 mm.

# Agradecimientos

A pesar de la sencillez tanto del título del libro como de su concepto, prepararlo ha sido un proceso complejo. En él se han implicado personas de la mayor importancia, con un criterio exigente, unos estándares rigurosos, una atención meticulosa al detalle y, sobre todo, una increíble paciencia, por lo que les estoy enormemente agradecida, y quiero transmitirles mi más sincero reconocimiento a sus enormes aportaciones. Ha sido un privilegio trabajar con estas personas y, sin duda, este libro no habría sido posible sin ellas.

El equipo de Quadrille es realmente excelente. Quiero expresar a mi directora editorial y mentora, Jane O'Shea, y a mi editora de proyecto, Lisa Pendreigh, mi más sincero agradecimiento por su profesionalidad, excepcionales conocimientos, paciencia y apoyo personal, así como a la diseñadora Claire Peters por su creativo y empático diseño. Y a Ruth Deary por hacer un trabajo tan fabuloso en este libro.

Ha sido fantástico contar con la fotografía de Yuki Sugiura; su calma, su empatía y su estilo natural son cruciales en la sensibilidad de este libro. Y, por supuesto, quiero agradecer a Lara su ayuda en todo lo referente a la gastronomía y al estilo. Mi agradecimiento también a nuestra estilista Charis por su diligencia con los detalles: siempre ha estado ahí.

También quiero dar las gracias a mi excelente proyectista, solventadora de problemas y amiga personal, Sally Lee. Le estoy enormemente agradecida por pasar tanto tiempo trabajando, tejiendo, cosiendo y haciendo todo tipo de cosas, todo lo cual ha dado su fruto. A Sarah Hatton por honrar este libro con su presencia y experiencia, y a Eileen Bundie por tejer con excelencia. Y, por supuesto, a Gina Alton, por su inapreciable y meticuloso trabajo en la revisión de los patrones. Gracias también a Ian Harris por su sabia, sucinta y útil crítica.

Como la gente que me conoce podrá atestiguar, siempre estudio detenidamente todos los detalles, pero la selección de los hilos es primordial para mí y, más específicamente, cuando ideo y ofrezco proyectos de diseño sencillo. De ahí que quiera expresar mi más sincero agradecimiento y reconocimiento a los creadores de estos hilos excepcionales por su generosidad y su apoyo entusiasta: a las icónicas marcas de hilo Rowan, Regia, Habu, Blue Sky Alpacas, Yeoman, a Debbie Bliss y a Gina Wilde de Alchemy, por producir constantemente fibras e hilos de excelente calidad que inspiran y seducen al alma creativa. Deseo que puedan continuar su labor muchos años.

Por último, el libro está dedicado a los creativos y artesanos de todo el mundo, especialmente a la nueva generación de artesanos emprendedores que están surgiendo y aumentando tanto en número como en confianza y que de continuo son fuente de inspiración con su pasión por lo hecho a mano, y constantemente amplían las fronteras de lo artesano con su entusiasmo, innovación y originalidad. ¡El futuro es vuestro!

## Agradecimientos de la editorial

La editorial desea agradecer a las siguientes empresas el préstamo de accesorios y otros artículos:

THE ISLE MILL
Macnaughton Holdings Ltd, Tower House, Ruthvenfield Road, Perth PH1 3UN
Tel: 01738-609090

ERCOL
Summerleys Road, Princes Risborough, Buckinghamshire HP27 9PX
Tel: 01844-271800

FANNY'S ANTIQUES
1 Lynmouth Road, Reading, Berkshire RG1 8DE
Tel: 0118 950 8261